"*A volte basta un semplice e sentito grazie.*
Io lo rivolgo ai miei ragazzi della comunità, a tutti, che con il loro sostegno e la loro felicità mi danno modo di fare quello che faccio.
Grazie ai dipendenti e a tutti i responsabili della comunità che da 30 anni rendono grande tutto con un impegno che viene dal cuore.
Un grazie sincero lo debbo a mia mamma Loredana: con il suo supporto incondizionato mio padre ha fondato tutto e lei in questi anni ha rincorso il sogno della comunità.
Grazie a mio fratello Omar, alla mia famiglia che mi è sempre vicina e a mia moglie, Ilaria, che mi accompagna ad ogni passo, guida sicura nel mio essere a disposizione degli altri.
E poi un grazie a Edo, il nostro futuro. Per lui cerco di immaginare un futuro migliore impegnandomi ogni giorno."

Andrea Bonomelli

SPATOLA, Giuseppe

HO BISOGNO DI ME
Storie di indipendenza

160 pp.; cm 21, ill.
ISBN: 978-88-8486-883-1

Con il contributo di:

Fotografie di:
Beppe e Milla Prandelli

Collaboratrici di redazione:
Marta Giansanti, Carla Bruni

Coordinameto editoriale:
Ilaria Massetti

La Compagnia della Stampa Massetti Rodella Editori
Viale Industria, 19 - 25030 Roccafranca (Brescia) Italy
Telefono +39 0307090600 - Fax +39 0307090660
info@lacompagniamassetti.it - www.lacompagniamassetti.it

Giuseppe Spatola

HO BISOGNO DI ME

Storie di indipendenza

COMPAGNIA DELLA STAMPA
MASSETTI RODELLA EDITORI

LAUTARI
IL TUO FUTURO È INSIEME

PREFAZIONE

di Jonella Ligresti

Ho vissuto l'inizio di tutto. Ho visto la dedizione di Gianni, il modo in cui credeva di poter aiutare la gente. Un modo tutto suo, forse particolare, ma che lo rendeva unico. Voleva insegnare qualcosa, sentirsi in grado di tendere la mano a chi fuori non aveva più nulla su cui appoggiarsi per ripartire. Certo, se penso agli albori, non posso che ricordarmi anche un pizzico di megalomania che ha portato a fare delle grandi cose in modo geniale. Andrea, suo figlio, ripete sempre che tutti devono avere una seconda possibilità scegliendo di vivere. Credo che la loro comunità, di Gianni e Andrea, dia nuova forza per credere in sé stessi.

La droga toglie tutto. A me è successo di essere portata in un posto dove non potevo scegliere di fare quello che volevo. Sono stata arrestata per un delitto che non avevo commesso e quindi, solo dopo, assolta con formula piena. Ho passato quattro mesi della mia vita chiusa in una stanza.

Ecco, dico che quello che avviene in comunità, cioè dare un senso al tempo, scandire le giornate, sono le armi che ti dai per poter superare il buio. Io quelle armi le ho trovate in me stessa, perché in carcere nessuno te lo aveva insegnato.

Da sola dovevi trovare la forza di dare un senso al tempo e superarlo. È molto difficile, ma rimane l'unico modo per non impazzire. L'alternativa è cercare un nuovo sé stesso. Ma se io ero sola, in comunità nessuno lo è. La comunità accompagna tutti, insegna come scandire il tempo perduto, donando nuovi stimoli che la sostanza ha cancellato. Io me ne sono accorta intorno al terzo mese di carcere, quando ero convinta di poter tornare alla mia vita. Invece non era così. A quel punto l'idea di ricominciare, di rimanere nel buio, ha iniziato a pesare. La psichiatra a quel punto mi ha dato un «aiuto» anti depressivo per poter superare ogni singola giornata che mi si sarebbe parata davanti agli occhi all'alba.

Quello è stato il momento più difficile. Non trovavo più la forza in me stessa per andare avanti. Avevo solo bisogno di quelle sostanze per attutire, ovattare i pensieri, non pensare né soffrire.

Per questo posso immaginare come si possa sentire uno che fa uso di droga. Non ha la forza di reagire e come per me la sostanza toglie la forza di reagire, di cercare dentro la fiammella per riaccendere la vita. È difficile riabituare poi il corpo e affrontare la realtà. In questo senso penso che la Comunità ti metta in mano le chiavi del tuo recupero. Ti insegna il metodo, ti accompagna e istruisce senza lasciarti solo. Ma le chiavi sono in mano a ognuno di loro. Decidono loro se girarle e aprire la porta della nuova vita. Troppo facile non pensare. Troppo duro ripartire. Ma poi, quando si torna a camminare, allora ogni singolo passo ha con sé il sapore del vero riscatto.

In carcere ho conosciuto tanti dentro per droga. C'era una ragazza, Angela, conosciuta da tutti perché ciclicamente tornava in cella. Scontava la pena e poi ricascava nei suoi errori e si faceva arrestare apposta per disintossicarsi. Si ripuliva, usciva ma poi ricadeva. Lei non doveva vedere quel cielo a scacchi, ma magari venire accompagnata in comunità.

Il carcere dovrebbe riabilitare e chi si droga non dovrebbe mettere piede dentro una cella, ma trovare la mano tesa di chi può realmente aprirti una seconda porta verso la vita. La comunità di Gianni prima e di Andrea oggi insegna a ritrovare le tue forze per superare il vuoto. Forse è vero che il segreto è di avere bisogno di sé prima che degli altri. Io ho vissuto la solitudine per colpa di una chiave che non apriva al mondo, ma lo teneva arcignamente lontano da me ad ogni singola mandata. Non dimentico il suono di quelle chiavi. Ma sono riuscita a farcela, da sola.

I ragazzi di Andrea, invece, non sono mai soli. E le loro chiavi servono ad aprire nuovi orizzonti e chiudersi alle spalle ogni storia di solitudine, disprezzo ed emarginazione che li ha portati a rifugiarsi nella sostanza. A loro ricordo di trovare la forza per aprire ogni nuova porta senza paura. Ad Andrea voglio solo dire «grazie» per aver raccolto l'idea di Gianni e averla adeguata ad una società sempre più difficile.

wave

LA COMUNITÀ

Solo lo sguardo più attento arriva a leggere la piccola parola graffiata sul marmo che accoglie i visitatori di Monte Ingrana a Pozzolengo. Tra cielo e vigneti, dove la terra accompagna la fatica di chi vuole ridare senso alla propria vita, il motto recita solo un semplicissimo «sempre». Nulla di più. Ma guai ad intenderla come una esortazione al tempo. Quel semplice «sempre» vuol dire che non vi è nulla da nascondere o di cui vergognarsi, sempre e comunque.

Alla Lautari varchi il cancello e si apre un'altra dimensione fatta di nuova vita. Qui, dove i ragazzi di Lautari ritrovano la loro dimensione, il sogno di Giovanni Bonomelli è portato avanti dal figlio Andrea, 30 anni, che ne ha seguito la visione facendo un passo avanti. È lui oggi a presiedere Lautari, cooperativa sociale per il recupero dei tossicodipendenti, fondata nel 1992. Una realtà nata dall'idea di aiutare ragazzi "smarriti" e perduti nel mondo della droga.

Il sogno divenuto realtà

Un sogno sociale divenuto realtà in un momento in cui la società e le istituzioni non sapevano come aiutare i ragazzi "smarriti" e le loro famiglie.

Lautari è una comunità terapeutica gratuita, con orientamento pedagogico riabilitativo, specializzata nella disintossicazione e nella riabilitazione delle persone con dipendenze.

Ad arrivare alla guida della comunità nel 2014 è stato il figlio Andrea, che ne ha assunto le redini ancora giovanissimo. Andrea ha espresso una visione innovativa e idee chiare sui cambiamenti necessari da fare per prendersi cura dei ragazzi di Lautari con una terapia nuova al passo con la società. "Interveniamo sui ragazzi con un'impronta umanistica e una propensione a focalizzare il percorso terapeutico sulla centralità della persona come condizione necessaria per migliorare la qualità di vita. – commenta Andrea Bonomelli – L'obiettivo principale della Lautari è la completa riabilitazione della persona tramite l'acquisizione di un nuovo stile di vita fondato sui valori di autonomia, responsabilità, tolleranza, partecipazione, solidarietà, fiducia e autostima e la costruzione di una rete con le Associazioni del privato sociale e il lavoro psico-educativo svolto dalla famiglia.

L'acquisizione di questi valori fa sì che la persona una volta terminato il percorso riabilitativo possa reinserirsi in maniera naturale nel tessuto sociale, familiare e lavorativo".

Il percorso

Il percorso riabilitativo può durare mediamente dai 3 ai 5 anni, questo tempo viene scelto in base alle risorse psicologiche individuali, in alcuni casi il tem-

po di recupero supera ampiamente i 5 anni.

La comunità, nell'ambito del programma di recupero, fa in modo che gli ospiti siano impegnati in attività lavorative, perché li aiuta a sviluppare maturità, autonomia, senso di responsabilità, capacità di realizzazione in modo da renderli protagonisti e artefici dei cambiamenti del proprio stile di vita.

Per il recupero vengono privilegiate attività lavorative artigianali come i lavori di falegnameria e restauro, di officina meccanica e edile. Altri sono occupati nell'allevamento dei cavalli nella tenuta, delle coltivazioni vitivinicole e della gestione della cantina.

Questo impegno li aiuta nel contatto sociale a imparare un mestiere, gettando così le basi per opportu-

nità lavorative durante la fase di reinserimento.

Il percorso pedagogico riabilitativo, attraverso le attività lavorative stimola nei ragazzi un aggancio costante alla realtà e un senso di responsabilità. Non solo: siccome il percorso riabilitativo è completamente gratuito per le famiglie, per i ragazzi il lavoro è una fonte di autofinanziamento.

La comunità è abilitata a svolgere le attività grazie al riconoscimento della Regione Lombardia.

Per la scelta del fondatore di voler creare percorsi riabilitativi ad hoc non percepisce alcun finanziamento statale.

La società che tende la mano ai banchetti

Il principale introito per la comunità sono le donazioni raccolte ai banchetti che i Lautari allestiscono nelle città per raccontare le finalità della comunità e raccogliere fondi, iniziative che rientrano nell'attività riabilitativa "prevenzione e informazione". Di queste fanno parte anche la prevenzione all'interno delle scuole e la testimonianza in chiesa, dove i ragazzi vanno a raccontare durante la messa la loro storia e la loro esperienza alla comunità ecclesiale. I banchetti generalmente vengono collocati nelle piazze e nei luoghi di aggregazione delle città italiane.

Ai banchetti ci sono i ragazzi che vivono in comunità e, tra loro, ce n'è sempre uno che si sta reinserendo e due ragazzi entrati da poco in comunità. Que-

sta attività ha lo scopo di autofinanziare la struttura, infatti l'80% degli introiti arrivano dalle donazioni di chi crede nel progetto Lautari.

Un altro aspetto importante è che le attività ai banchetti servono come passo concreto per la riabilitazione dei ragazzi: attraverso il raccontarsi in prima persona a sconosciuti, ammettendo di avere un problema di dipendenza e indirettamente "l'accettazione" del problema, si avvia un importante percorso di cambiamento.

A differenza di altre strutture, in cui le attività psico educative sono tutte all'interno della struttura stessa, isolate dalla vita normale, attraverso i banchetti i Lautari permettono ai ragazzi di inserirsi in un contesto quotidiano che li riporta a contatto con la normalità della vita e dei rapporti.

I gruppi e la vita quotidiana

I gruppi escono tutti i giorni alle sette del mattino, fanno colazione al bar, iniziano a lavorare, pranzano, e nel primo pomeriggio riprendono a lavorare e poi la sera tornano a casa alla guida della loro auto. Una attività che ricalca il più possibile la vita normale con i suoi ritmi e le sue responsabilità, vicina a quella dei loro coetanei.

Una routine che li obbliga a esporsi in prima persona in quello che la comunità definisce reinserimento costruttivo. Perché ritrovare l'indipendenza dopo anni di dipendenze rappresenta la vittoria più bella.

FIERA DEL LIBRO STAFF
LIBRIXIA
Regione Lombardia
F.G.F. TRASPORTI

UN GIOVANE PER SFIDARE IL FUTURO

Andrea Bonomelli è Presidente della Comunità Lautari da febbraio 2014. Con la sua gestione la Comunità ha acquisito una prospettiva giovane e innovativa, uno sguardo sempre rivolto al futuro e all'eccellenza nell'ambito del Sociale.

Fra i progetti portati a termine c'è la costruzione della nuova sede di Via Monte Ingrana, a Pozzolengo. Una costruzione all'avanguardia ed ecosostenibile inaugurata a fine 2015. Sposato con Ilaria Prandelli, manager che lo affianca nella gestione sia della Comunità che nell'azienda agricola Borgo La Caccia, ha un figlio, Edo.

Visionario e innovativo, Andrea Bonomelli ha saputo trasmettere nuova linfa al sistema Lautari dopo la scomparsa di papà Giovanni che lo ha costretto, giovanissimo, a prendersi sulle spalle il futuro dei ragazzi accolti da tutta Italia.

La Lautari è un luogo particolare che ben si presta a far sbocciare la vita. Ora questo posto ha 30 anni di vita, raccontami la sua storia.

Avevo due anni quando papà ha fondato la comunità. I miei primi ricordi risalgono alle ultime fasi di ristrutturazione di Monte Ingrana: una vecchia scuderia deserta. Mia mamma mi raccontava che inizialmente papà si portò a casa due ragazzi in crisi di astinenza: erano gli anni Novanta ed io ero appena nato. Da quell'evento nacque tutto.

Tuo papà è sempre stato un imprenditore, realizzato e con una bella famiglia. Perché ha deciso di prendere questa strada, con quale spirito si è avvicinato a questo mondo?

Lo avvicinò un prete ma in particolare lo fece perché capì che ognuno può avere una seconda possibilità. Ragazzi che dipendevano dall'eroina o da sostanze ma che non cercavano nient'altro che considerazione e un po' di affetto. Avevamo degli immobili, uno di questi è la sede Monte Ingrana, ed è dove è nato tutto: prese forma da una quindicina di ragazzi.
Nata con l'idea di realizzare una comunità che fosse autonoma e che potesse permettere a queste persone di avere un riscatto sociale e una nuova vita attraverso l'autogestione e l'autoreinserimento lavorativo e sociale. Le richieste aumentavano anche perché all'epoca non esistevano realtà di questo tipo, se non San Patrignano. I servizi a livello nazionale e locale erano quasi inesistenti.
I tossicodipendenti erano considerati dei delinquenti che entravano nelle case a rubare, dei rovina-famiglie. La maggior parte di loro viveva in strada e lo

Stato non forniva assistenza, poche erano le strutture private a pagamento. La nostra comunità è sempre stata fondata sul lavoro, non ha mai utilizzato l'ospedalizzazione come intervento di cura. E da qui si sviluppa la nostra natura, quella dell'auto sostentamento, da cui nacquero diverse attività.

Avevi 23 anni quando hai deciso di portare avanti il lavoro di tuo padre, scomparso nel 2018. Cosa ti ha più sorpreso di tutto questo?

La comunità è un mondo difficile ma altrettanto stupendo, dove è indispensabile avere una bella dose di umanità, ma anche capacità organizzative e imprenditoriali.
Appena sono arrivato, nonostante fossi il figlio di Gianni Bonomelli, ho dovuto rimboccarmi le maniche e far valere la mia persona. Entrare a 23 anni, gestire persone più adulte che lavoravano al suo interno da anni, poteva non essere facile. Il primo passo è stato quello di condividere e cercare di creare il meglio per portare avanti il progetto. Sembra ieri ma sono già passati 7 anni da quando ho preso le redini. Sette anni fa la comunità era impostata ancora sul vecchio modello anni '90.
Il nostro obiettivo è cercare di aiutare i ragazzi ad avere un riscatto nella vita: essere come un padre o un grande amico che può dare un consiglio. Tutte le persone che sono di supporto ai ragazzi hanno avu-

to, in passato, problemi di tossicodipendenza. Io no: e questa è stata un'altra difficoltà da sormontare. E ci sono riuscito riportando alcuni miei problemi di salute: a 13 anni ho sofferto di idrocefalia, per sei mesi sono stato completamente cieco e sono passati 5 anni prima di tornare a vedere bene. Perché è quando vivi esperienze forti che si cambia profondamente. Cerco di fargli capire che le difficoltà nella vita ci sono ma possono essere superate.
Dico loro che hanno la fortuna di poter scegliere di vivere, al contrario tante persone che lo vorrebbero sono condannate a morire per una malattia o per qualsiasi cosa che non dipenda dalla propria volontà.

La tua famiglia è determinante in questo ambiente?

In una delle prime uscite e il primo weekend che ho organizzato con Ilaria, la mia attuale moglie, l'ho portata proprio in comunità. L'ho fatto perché lei doveva sapere e, in caso, accettare fin da subito la mia vita. Perché la comunità è parte del mio futuro, perché credo fortemente in tutto quello che ha creato mio padre.
Ho voluto capire immediatamente, nonostante la conoscessi da poco, cosa poteva pensare. E sebbene la location era, diciamo, un po' particolare, è stato un bell'appuntamento e le è piaciuta. Per noi è stato il punto di inizio della nostra conoscenza.

Quanto del sogno di tuo padre ti è rimasto dentro e in cosa è cambiato?

La gestione è profondamente cambiata e si è adattata all'evoluzione dei tempi. Abbiamo introdotto un grande staff educativo, con nuovi operatori e psicologi.

Se Gianni vedesse la Lautari di oggi cosa potrebbe dirti?

Mio papà era molto ambizioso, voleva fare sempre meglio. Mi direbbe di fare di più, perché lui al mio posto lo farebbe. È una domanda che spesso con gli altri responsabili mi pongo: "Cosa farebbe papà in questa circostanza?". Da quando non c'è più abbiamo dovuto affrontare molti ostacoli, da ultima la pandemia. Problemi che avrebbero potuto causare la fine della comunità e invece siamo sempre andati avanti, crescendo. Sono convinto che, da lassù, ci guarda ed è fiero di tutti noi.

In questi 30 anni di quante persone vi siete presi cura?

Almeno 1.500 persone. Alcune, anche se fuori da parecchio tempo, le continuo a sentire, mi scrivono, mi vengono a trovare. I più vecchi mi chiamano ancora Andreino, hanno ricordi di me che da bambino giravo per la comunità. Molti stanno bene e, di solito, sono proprio quelli che si fanno sentire. Quando decidono di staccare totalmente il legame con la comunità, di solito, c'è un alto rischio di ricaduta.

In questi 7 anni di gestione cosa ti ha reso orgoglioso e cosa ti ha invece lasciato l'amaro in bocca?

Mi ha reso orgoglioso la crescita che abbiamo avuto, il mantenimento delle persone e la qualità del servizio. Abbiamo assunto tante persone che sono rimaste con noi, l'attività vitivinicola ha avuto un grande sviluppo e vorremmo ampliarci aprendo un altro agriturismo. La delusione invece arriva quando un ragazzo, dopo un periodo di comunità, decide di mollarti. Ma quando provi a dargli una indipendenza economica, quando cerchi di formarlo e portarlo ad avere una relazione con l'esterno c'è sempre il rischio che ti tradisca e se ne vada in malo modo, senza più rivolgerti la parola. Ma c'è anche la possibilità che ricada nella droga mentre è ancora dentro la comunità. Quando accade ci stai male, è normale, però c'è anche una componente razionale e obiettiva che deve venir fuori: cerchiamo di dargli un'altra possibilità, di tenerlo dentro per non fargli buttare mesi o anni di comunità. Sono situazioni piuttosto complicate. L'importante è guadare avanti e concedere la stessa energia a tutti.

Come sono stati questi due anni di pandemia?

Duri. All'inizio non sapevo cosa inventarmi. La pandemia ha bloccato qualsiasi cosa, ogni attività lavora-

tiva, i momenti di raccolta fondi. La prima cosa a cui ho pensato è stata quella di salvare la comunità, abbiamo fatto delle scelte strategiche dando la priorità agli stipendi e alle varie spese della struttura. Abbiamo chiesto un sacrificio ai ragazzi e, per la prima volta da quando siamo nati, abbiamo chiesto alle famiglie un supporto economico. Fino a quando non ci siamo reinventati con la nuova attività della cantina, chiamando i residenti dei vari Comuni limitrofi per la vendita del vino. Un lavoro non sempre semplice: tante le chiamate andate a vuoto, di gente che non ne voleva sapere nulla. Ma ci sono state anche volte in cui i ragazzi erano davvero felici: si rendevano utili quando incappavano in persone anziane e sole che volevano solo un po' di compagnia, farsi una chiacchierata. Anche in questo periodo natalizio, l'attività è ripresa e stiamo riscontrando la stessa problematica di solitudine: forse in futuro potremmo fare qualcosa su questa direttrice, verso quelle persone in casa costrette alla solitudine e che hanno solo bisogno di essere ascoltate.

Come si abbatte il muro della diffidenza nel mondo al di fuori della comunità?

Con il contatto e il racconto, quando il ragazzo parla di sé, della sua storia e della comunità. Si incontrano persone sensibili che vogliono conoscere e sapere, alcuni ci contattano al telefono o tramite social. Sicuramente è essenziale una certa predisposizione ma anche tanta sensibilità.

Una delle particolarità di questa comunità è che tutti si aiutano tra di loro e c'è una guida spirituale...

Siamo una comunità laica ma alcuni sono molto religiosi, abbiamo avuto anche musulmani. La guida spirituale è fondamentale e c'è chi ne ha bisogno. Ma la cosa più importante è pensare alla persona, ai progetti di vita quotidiana. A dargli una regolarità: sveglia alle 7, pulizia personale e della stanza, colazione, lavoro e il break di mezza mattinata. Poi si pranza e si torna a lavoro. Infine arrivano la cena e le attività ricreative comunitarie, che possano unire tutti gli ospiti.

Avete sempre puntato sullo sport, partecipate alla maratona di New York e avete inventato le vostre Olimpiadi...

Con le Olimpiadi è stato un crescendo: da un singolo giorno siamo arrivati a un'intera settimana in cui tutti i centri si riuniscono. Sono momenti fatti di sfida e di competizione sana. Noi crediamo molto nello sport, perché sa dare obiettivi, che appagano, e scopi da raggiungere. Nei due anni precedenti alla pandemia, chi vinceva la maratona della comunità che era di 20 chilometri, aveva il biglietto pagato per New York per prender parte alla maratona e farne 44, di chilometri: momenti emozionanti considerati un vero e proprio successo di vita.

Quanto la comunità contribuisce nel riallacciare un rapporto con la propria famiglia?

Nella maggior parte dei casi è essenziale, è il collante. Noi cerchiamo di dare il meglio per salvare il ragazzo e per dargli una mano, ma non chiediamo riconoscenza: questa è la nostra missione. Durante la festa del Toro di giugno, in cui si riuniscono 800 persone quando i ragazzi si incontrano con le proprie famiglie e gli amici dei Lautari, si respira una bellissima atmosfera.

Cosa vedi nel futuro della Lautari?

Alcuni cambiamenti sono già in atto, per esempio l'ingresso di altre tipologie di tossicodipendenza: il gioco, l'alcol, i videogiochi. Abbiamo inserito il progetto Salvagente rivolto alle persone con disagio sociale, adulti che hanno perso il lavoro o la famiglia. Stiamo lavorando anche sul problema dell'emarginazione sociale dovuta ai più svariati motivi. La pandemia ha causato gravi danni che inizieremo a vedere più in là, tra qualche anno tireremo veramente le somme di questo periodo. Il prossimo obiettivo sarà anche l'apertura di altre strutture nelle regioni del centro-sud.

Hai da ringraziare qualcuno?

Sono tanti i grazie che vorrei dire: dai ragazzi a chi ci sostiene, dalla mia famiglia a mia moglie.

Hai un figlio di 4 anni che spesso vive la comunità, come vedi il suo futuro?

Me lo domando spesso: io, proprio come mio figlio, ero piccolo quando tutto questo è iniziato. Gli spiegherò e cercherò di fargli capire cos'è questo mondo. Prima o poi me lo chiederà. Ora per lui sono semplicemente dei ragazzi, tanti amici grandi. Ma la scelta, quando sarà grande, sarà solo la sua.

Hai un sogno che vorresti si realizzasse?

Essere la prima comunità, insieme a molte altre, ad aiutare questi ragazzi. Creare un modello unico, una rete, che possa essere ascoltato davvero dagli istituti finanziari e dalle istituzioni. Perché l'unione fa comunità e fa davvero la differenza.

LE STORIE DI INDIPENDENZA

1 GIULIA T.

Giulia guarda il vuoto. Pensa a quello che è stato e non dovrà più essere. Poi stringe i pugni e parla senza freni. Perché per ognuno dei giorni passati con la sostanza ora ne cerca altrettanti di libertà.

La tua dipendenza è iniziata quasi per gioco. Com'è accaduto?

All'inizio le prime canne: per farmi vedere, per stare in gruppo. Poi però è arrivata la cocaina: durante le feste, con gli amici, conoscendo le persone sbagliate. Ed è arrivato quel momento in cui mi sono resa conto che stavo esagerando. Purtroppo sono una persona che si fa condizionare molto: questo lato del mio carattere è stato forse una delle motivazioni che mi ha fatto cadere nel mondo della droga, sempre di più.

Cosa ti manca di più degli anni in cui non avevi questa dipendenza e che, magari, ora stai ritrovando qui?

Non dipendere dalla sostanza, poter essere libera. Sono una persona che non sa tirare fuori le emozio-

ni, non le sa definire. Sto lavorando molto su questo: sull'esprimere e analizzare ciò che sento e che provo e quindi trovare quell'emozione giusta. Cosa che prima non avevo mai fatto.

Mi dicono che quando si fa uso di sostanze ci si anestetizza. Tu sei tornata a provare le emozioni? Qual è l'ultima emozione che hai provato?

Forse la paura di parlare di tutto questo, ma ho voluto provarci. Una sensazione che non provo quando canto. Ho una vera passione per il canto: mi fa sentire libera, mi fa gioire. Il mio sogno sarebbe proprio andare a The Voice, il mio vero essere esce fuori quando canto e so di saper emozionare.

Un importante passo è l'ingresso in comunità...

Non credevo di farcela. All'inizio sono venuta per i miei genitori, per la mia famiglia. A volte ho pensato di andare via ma con il tempo mi sono resa conto dell'importanza della cosa: lo dovevo fare per me stessa e non solo per loro.

Oggi hai 24 anni e hai iniziato all'età di 16 anni, quando è scattata la consapevolezza di essere dipendente?

Diversi anni fa, all'inizio lo facevo solo il fine settimana, poi sono arrivata a drogarmi tutti i giorni e ho capito che c'era qualcosa che non andava. Era troppo frequente, la sostanza non mi bastava mai: con la mia fidanzata siamo andate oltre.

Hai fatto dei passi in avanti?

Sì, ma devo ancora lavorare molto, soprattutto sulle cose che ho dentro. Le ho dette, le ho tirate fuori, ma le devo saper analizzare.

La comunità ti dà la forza di reagire?

Sì, molto: quando sono in difficoltà, mi danno sempre una mano e un consiglio, per superare le mie criticità.

2 ELISA C.

La vita segna il passo della dipendenza tra cliniche, ricoveri, fughe e ritorni. Elisa lo ha capito sulla sua pelle. Ma non si vuole più arrendere e, a braccia larghe, ha accolto la nuova esistenza fatta di regole, abitudini sane e voglia di recuperarsi. Così la vita si ritrova, cercandosi dentro ogni piega dell'anima e non avendo più paura di sé.

Cos'hai capito della tua dipendenza, in questo periodo di comunità?

La mia è una storia lunga, fatta di tre cliniche e di un po' di comunità. Ho avuto anche una paralisi facciale al trigemino, ma anche quello non mi è bastato. Tramite il Sert sono venuta qua: mi trovo molto bene, è completamente diversa da un clinica, secondo me scarsamente utile.
La mia è una storia di dipendenza dall'alcol, ho sempre bevuto parecchio fin da ragazzina. Poi, ovviamente la situazione è peggiorata. Mi mettevo alla guida ubriaca, sono stata fortunata che in auto non mi sia mai successo nulla, che non mi abbiano mai ritirato la patente. Ma ci hanno pensato i miei: mi hanno tolto le chiavi e il bancomat, mi davano i soldi contati, controllavano la spesa.

L'inconsapevolezza può portare alla dipendenza?

Non credo. Anche mio fratello ha un passato di alcolismo e, boh, forse è genetica. Mia madre era bipolare. Ma non voglio dare la colpa ad altri, la responsabilità è solo mia. Bevevo tanto: tutti i giorni una o due bottiglie. Il mio compagno penso abbia fatto finta di niente. La nostra storia non andava bene e ho deciso di tornarmene a casa. Ho la fortuna di avere un fratello e una sorella più grandi che mi amano e mi hanno aiutato tantissimo. Il timore di non farcela c'è, perché l'alcol mi è entrato dentro.

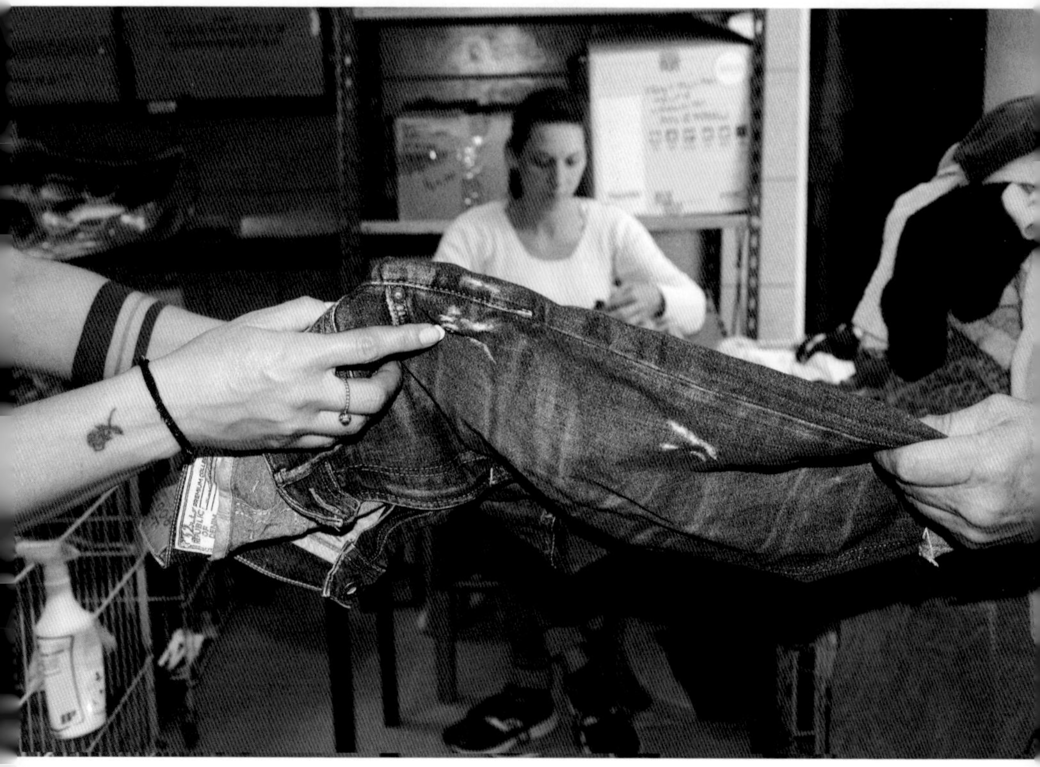

Quali sono i tuoi obiettivi?

Rivoglio la mia vita. Non ho figli ma non ne ho mai voluti avere per scelta. Ho 45 anni e la mia età mi condiziona molto, mi vedo invecchiata da questa dipendenza. Vorrei soltanto uscire, avere la mia indipendenza, la mia casa, trovare un compagno per il futuro che mi faccia stare bene. In passato ho avuto tantissimi uomini, anche all'interno delle strutture, storie che hanno mandato all'aria il percorso nelle cliniche. Devo riconquistare anche l'autostima: sono grata di essere qui, nel gruppo ho trovato delle ragazze magnifiche, che mi hanno accolto.

La tua è anche una dipendenza affettiva?

Sì, ma ho avuto vicino sempre persone sbagliate. Ho sempre avuto tanta libertà, fin da piccola: avevo le chiavi di casa, la notte non sempre tornavo a dormire. Ho iniziato con i primi spinelli quando avevo 13 anni, poi qualche pastiglia per andare a ballare. Ma la cosa principale è sempre stata l'alcol. All'inizio bevevo bene: vino di una certa qualità, champagne, ma con il passare del tempo sono passata al Tavernello. Vivevo con l'ansia, mi svegliavo al mattino sudata, avevo continui tremori, che ho ancora adesso: sicuramente ho ancora i postumi dell'alcol. Quando sono arrivata qui ero ubriaca.

Oggi qual è il tuo sogno?
Avere una famiglia ma ho paura. Non ho mai voluto figli, sicuramente farò la zia delle mie tre nipoti, bellissime e fantastiche. Devo riscattarmi anche con loro. Voglio uscire e stare bene. Voglio farcela. Ero arrivata a un punto in cui dormivo tutto il giorno, non avevo voglia di lavarmi, non uscivo di casa, non si capiva nulla quando parlavo perché biascicavo. Prima di entrare qui stavo malissimo.

Da dove vorresti ricominciare?

Confido molto nell'amore, sono molto sensibile e di amore ne so dare tanto. La vita è bella, ma è una sola e bisogna viverla bene. Se fossi andata avanti così sarei sicuramente andata incontro alla morte. Una sera ho anche pensato di farla finita. Mia madre ha tentato il suicidio ma l'abbiamo salvata.

Che percorso di studi hai fatto?

Sono analista contabile e ho studiato due anni alla facoltà di Farmacia a Torino: anni sprecati, fatti solo di feste e di ragazzi. Quindi un giorno ho detto basta e sono tornata a casa. Mia mamma ci teneva che io mi laureassi e invece...

3 AMANDA C.

Il passato è una spada di Damocle che ogni notte pende sui pensieri brandita dai fantasmi della dipendenza. I mostri ci sono, tornano, ma non vincono: la forza della comunità è tutta nel sapersi stare accanto senza pretendere ma donandosi. Amanda lo ha compreso lasciandosi il buio dietro le spalle e inseguendo lo sprazzo di felicità ritrovata a Monte Ingrana.

Quali differenze vedi tra ieri e oggi?

Ci sono grandi differenze. Una su tutte: qualsiasi cosa facessi sentivo il bisogno di rifugiarmi nella droga, oggi no. Oggi riesco ad affrontare la quotidianità in modo diverso. Ma non solo: ora riesco a chiedere aiuto, prima il mio aiuto era solo la sostanza. Sono entrata circa 4 anni fa: è stato traumatico. Aveva già seguito un programma di un anno nel 2012, qui ai Lautari. La differenza è che questa volta l'ho fatto per me, con la testa, con l'intenzione di cambiare vita e di cambiare stile di vita.

Cos'è per te l'indipendenza?

È la libertà. Essere dipendenti da qualcosa vuol dire non essere libero, non essere libero di scegliere, di decidere del proprio futuro perché si vive solo in fun-

RICARD

Maglioni belli
TOVAGLIOLI
38X38
IN PURA CELLULOSA
PANTALONI
FELPE
MAGLIONI
INVERNALI
2 VELI
COD. TOV.2V38/50
SCARTO
Kg. 4,200

zione della sostanza. Oggi invece posso scegliere: di stare bene o, se voglio, anche di stare male. Ma la scelta spetta a me e basta. Per me l'indipendenza è riuscire ad andare avanti da soli, con sé stessi, con le difficoltà, mettersi in gioco, affrontarle.

La sostanza azzera le emozioni?

Io ho avuto purtroppo fidanzati che mi hanno trattato male, mi hanno messo le mani addosso, li subivo. Erano dei rapporti malati, basati su un legame di sostanza. Ero disposta ad accettare dei maltrattamenti oppure delle umiliazioni pur di stare in quella situazione. La dipendenza affettiva è forte tanto quanto quella da droghe. Il problema è che, se non ci metti mano, puoi portartela dietro per sempre, rappresentando un grande rischio di ricadute nella sostanza: se non si è in grado di reggere una delusione d'amore, per noi il pericolo è alto. Io adesso mi sento più forte e so che non accetterei più quei contesti.

E nel percorso che hai fatto qui dentro cosa ti ha più sorpreso di più di te stessa?

Penso di aver raggiunto un buon livello di maturità, di responsabilità e di bontà. Sono molto cambiata caratterialmente. La mia vita è sempre stata caratterizzata dalla droga, dalle strade, dal carcere. In quegli ambienti vigeva la legge del più forte: era proibito farsi mettere i piedi in testa. Dovevo combattere ed essere cattiva. Ho tolto quella maschera e oggi sono una persona sensibile, affettuosa, dolce. Una parte di me che probabilmente c'è sempre stata ma che non potevo tirare fuori. Ora che posso farlo è bellissimo: riesco a vivere emozioni che non conoscevo.

Cosa vorresti una volta fuori da qui?

Una vita normale. Purtroppo non ho avuto una famiglia molto benestante e da piccola mi sono mancate tante cose. Ora non pretendo di avere chissà cosa, mi accontento di una casetta, una famiglia, di un cane e un lavoro.

Che lavoro vorresti fare?

Mi piace cucinare. Ma da giovane ho fatto un corso di parrucchiera ed estetista: perché no. Sono una persona a cui piacciono le soddisfazioni immediate. Ma mi accontenterei anche di fare la barista. Sto prendendo la terza media: per me è già una grande soddisfazione. Mi sto vedendo realizzata, piano piano, un passettino alla volta ed è una bella sensazione.

4 LETIZIA P.

Il buio a volte arriva all'improvviso. Prende la vita, la squassa. Ti costringe a fare cose che neppure nei peggiori incubi avresti potuto fare. Invece la sostanza risveglia e alimenta il mostro nascosto. Letizia lotta ogni ora con quello che ha vissuto. Non si vergogna. Anzi. Usa ogni ferita per guardare oltre e migliorare. Ma guai a distrarsi. Le debolezze sono tali, sempre. Anche durante il percorso di ripresa.

Il tuo contatto con la sostanza è avvenuto tardi...

Ho avuto praticamente un anno di tossicodipendenza, verso i 43 anni. Ho fatto uso di sostanze verso i 23 o 24 anni ma era una cosa sporadica, nata e morta lì. Poi, per un breve periodo con il mio ex compagno. Ma quando ho iniziato da sola, non mi sono più data un limite.

Quali sono i tuoi obiettivi futuri?

Voglio uscire dalla tossicodipendenza: sono qui da pochi mesi, ho avuto solo un anno di tossicodipendenza ma ho la consapevolezza che se dovessi uscire ora, tornerei a drogarmi. La dipendenza la sto sentendo veramente tanto...

Perché lo facevi?

Il mio problema era la noia, non c'era bisogno che accadesse qualcosa di brutto o di disastroso. Poteva accadere in qualsiasi situazione: potevo stare lì, a lavare i piatti che mi veniva voglia e andavo ad acquistarla. A un certo punto ho iniziato a pensare che non ce l'avrei più fatta a stare senza. Guardavo le persone e mi sembravano degli extraterrestri. Le vedevo sane e mi dicevo che io non sarei più tornata ad essere come loro.

Lavoravi?

Sì, sono caporeparto alla Coop. Venti anni che lavoro in quell'azienda. Ho fatto carriera ma purtroppo anche sul lavoro non mi bastava mai: imparavo qualcosa di nuovo e dopo un po' mi annoiavo. Sentivo sempre il bisogno di mantenere un livello alto di adrenalina, qualcosa che mi tenesse sempre sul filo del rasoio. Faccio fatica a stare nella noia, ma qui sto imparando a conviverci. Ho sempre sempre odiato stare da sola. Ormai sono 7 anni che sono separata, ho due figli di 25 e 18 anni. Ed effettivamente non sono mai stata sola. Anche qui: sono in un gruppo. Però vivo di più con me stessa e mi piace. Sto imparando a prendermi cura di me stessa, ad avere i miei spazi. Ho avuto solo un anno di tossicodipendenza ma avevo tanti atteggiamenti sbagliati, soprattutto con i miei figli: non sono riuscita a educarli come avrei voluto.

Una volta fuori vorrei essere concreta nelle cose a cui tengo veramente. Vorrei la semplicità della vita. Anche solo andare al fornaio la mattina: stupidate a cui prima non tenevo. Cose che ora considero importanti come curare la propria famiglia, preparare un pranzo, stare tutti insieme a tavola. Vorrei questo e ci tengo tanto.

In questi 5 mesi qui dentro qual è la parte che più ti ha sorpreso?

Le regole: qui ce ne sono tante ma io non ne ho mai avute. Dalla mia famiglia non ho avuto tanti insegnamenti ed io ho fatto lo stesso con i miei figli. Qui, invece, mi sto rendendo conto di quello che non mi è stato dato. Le regole sono importanti e ho scoperto anche che mi piacciono. Mi sono resa conto di quanto servano per non essere allo sbaraglio. Sto rivedendo tanto la mia genitorialità, come mi sono comportata con i miei figli. Loro non hanno colpa di niente. Ora voglio imparare a dare l'esempio perché quando i miei figli torneranno a casa dovranno essere consapevoli di trovare un porto sicuro. Una casa fatta anche di regole. Sto facendo un lavoro sulla donna che voglio essere, non voglio più fare certi errori, voglio essere in grado di decidere della mia vita e non avere sempre paura che qualcuno ti dica di aver sbagliato. Voglio avere la facoltà di valutare bene da sola. Perché è proprio la strada che mi ha portato qua, a guarire.

Quando guardi indietro cosa vedi?

Prima di entrare in comunità non ero neanche una persona. Ora mi sento molto più donna. Sono più matura, anche interiormente. Ragiono sulle cose da dire, se è giusto, se sono parole che possono ferire gli altri. Cerco di essere più riservata, cerco di cambiare. Certo, è un lavoro duro, arrivo a sera che sono stremata. Sto demolendo la donna che ero, per costruire nuove fondamenta. Ho messo un punto a ciò che ero prima e ora voglio andare avanti.

5 LUCIA M.

La droga non ha un solo nome né un solo volto. Sfrutta le debolezze. Annichilisce l'anima e cancella la ragione. Lucia si guarda indietro e vede il baratro. La salita al cielo è dura. Ma passo dopo passo si può tornare a vivere senza ombre. Sapendo che prima di tutto si deve recuperare il rapporto con il proprio essere.

Se ti dovessi voltare indietro cosa vedi?

Come dico sempre: sono entrata qui dopo tanti anni di tossicodipendenza, non avevo più voglia di fare nulla. Mi drogo da quando ho 13 anni. Avendo una bambina mi spaventa ma purtroppo è così: si parte dalle compagnie con le prime canne e poi, con leggerezza e superficialità ma soprattutto per senso di onnipotenza, si arriva a farsi di droghe sempre più pesanti, a fare sempre peggio. Passi dalla cocaina, provi questo, provi quell'altro. All'inizio il brutto non lo vedi, non ci si sente come gli altri, anzi ci si sente invincibili. Poi, però, vai nella merda. Prima di entrare qui non mi conoscevo, non conoscevo una Lucia senza la droga, ma soprattutto non vedevo una vita possibile senza la droga. Credevo non fosse possibile lavorare senza l'aiuto delle droghe, o divertirsi senza sostanza. Qui, invece, ce l'ho fatta. Ho capito che senza droga sono una persona espansiva ma allo stesso tempo insicura. Mi serviva come rifugio, la usavo per andare in giro e spaccare il mondo. Ho le mie insicurezze, e qui ho imparato un po' a gestirle.

Oggi qual è la tua parte migliore che ti serve per ottenere l'indipendenza?

In questo momento sono la forza e la determinazione. Qualsiasi sfida o periodo brutto, io mi rimbocco le maniche e vado avanti, non mollo mai. Ma vorrei essere emotivamente indipendente. Sto cercando di lavorare anche sulla dipendenza affettiva. Non ho avuto il papà: a posteriori mi sono resa conto che mi sono sempre rifugiata in un fidanzato, in un uomo qualsiasi. Ho accettato uomini che mi picchiavano, perché non volevo stare da sola. Eppure non lo sono: ho una bambina a casa che mi aspetta. Un domani spero di avere una bella famiglia. Ma anche se restassi sola non sarà un problema. Ovviamente nella pratica è più difficile, ma riuscirò a raggiungere i miei obiettivi.

Cosa non ti piace della "vecchia" Lucia?

Non mi piace nulla: quando torno con la mente a certe situazioni e rivivo con il pensiero alcune scene, provo un profondo senso di vergogna. Non sembro io: tante cose che ho fatto o detto... non so nemmeno come ho fatto a stare in certe situazioni. Ho una bambina ma

per la droga l'ho lasciata. Come ho potuto? Ora che le parlo al telefono e vedo il suo sorriso, non riesco a capacitarmi del mio passato. Oggi non sono più dipendente ma c'è ancora un bel da fare.

6 MARIO S.

Il successo, l'agonismo e la fama. Poi il nulla che ti trascina sempre più in basso. Le certezze crollano e l'uomo non ha più appigli se non quelli garantiti dalla "chimica" che azzerano le emozioni e lo rendono ancora competitivo nella società. Ecco, Mario si è sentito così: un ragazzo perso dopo aver vissuto momenti di gloria come sportivo. Ma finito il momento magico la sostanza è diventata il rifugio per non pensare a nulla. Fino al giorno in cui a Monte Ingrana ha ritrovato la forza di reagire e di guardarsi dentro.

Quando hai avuto i primi contatti con la sostanza?

Ho iniziato a 26 anni. Ora ne ho 50. Fino a quell'età ho sempre giocato a pallavolo: era il mio lavoro, il mio obiettivo, il mio hobby e la mia passione. Ma è stato un fallimento. Appena ho smesso di giocare, ho iniziato a drogarmi: usavo cocaina. La fine della pallavolo è stata un fallimento, avrei potuto andare avanti, ma ho mollato e, coincidenza, ci sono state le prime serate con la cocaina. Prima di allora non fumavo, non bevevo, non andavo in discoteca, avevo amicizie sane. Mi ricordo benissimo la prima volta che l'ho assaggiata: una sera mentre andavo in discoteca.

È la tua prima esperienza in una comunità?

Sono entrato qui l'8 settembre, dopo poco sono uscito e rientrato il 28 gennaio. Sono uscito perché non riuscivo a fare quel passo in più per andare avanti. Qui i fallimenti sono fisici, mentali, devi fare i conti con il passato. Facevo e faccio fatica ad affrontare i sensi di colpa che ho.

Cos'è per te il senso di indipendenza?

Vengo da una famiglia medio-borghese, ultimo di cinque figli, super viziato. Un padre e una mamma che si sono fatti dal nulla. In casa c'è sempre stato il senso del riscatto: economico e sociale. Mi sono sempre sentito a un passo dalla realizzazione. Ho lavorato per Armani, Moschino... ho fatto la mia carriera. Ma quando arrivavo quasi all'apice: distruggevo tutto. Ora vorrei tanto ricostruire ma è difficile. Mia madre mi ha sempre coperto: l'amore di una madre per un figlio tossico fa fare degli errori enormi. Mio padre invece era una persona che basava la vita sul riscatto e non riusciva a comprendere come mai suo figlio... Quando sono uscito, non sapevo da che parte ricominciare, ma ero consapevole che qualsiasi cosa avessi toccato l'avrei distrutta. Non ero strutturato per riprendere il lavoro e i rapporti con la famiglia e gli amici. Sono stato fuori qualche settimana senza mai toccare la sostanza, ma ho fatto una fatica incredibile e ho sempre avuto paura di ricascarci.

Qual è la parte migliore di te che hai scoperto qui?

Sicuramente sono tre: la fiducia verso gli altri, saper ascoltare e chiedere aiuto. Qui devi fidarti e affidarti, sono dei passaggi che per me sono molto difficili da attuare ma ci sto lavorando.

7 MORENO T.

La porta dell'inferno si può aprire p[illegible] anni lo sfizio diventa dipendenza se[illegible] chiedere permesso. Così Moreno si è ritrovato a "sperimentare" lo sballo quotidiano senza capire che sarebbe stata una via a fondo chiuso. Fino a schiantarsi e cercare una mano tesa capace di farlo rialzare e riemergere.

Cos'è per te l'indipendenza?

Avere una famiglia, vivere serenamente con la propria compagna e magari avere dei figli e una casa. Avere un lavoro fisso e condurre una vita che prima non pensavo minimamente fosse possibile. Ho iniziato a drogarmi che avevo 14-15 anni, quando i miei si separarono. Non avrei mai immaginato potessi diventarne dipendente. Praticamente mi drogavo tutti i giorni.

Cosa ti spingeva a farlo?

Ero pieno pieno di problemi e di pensieri. Lo facevo per alleviarli e scacciarli via. Non ho mai fatto uso costante di droghe pesanti però le ho provate. Ho iniziato con la cocaina, ho provato funghetti, benzodiazepine. Diciamo che ho sperimentato parecchio.

18 Volt
3,0 Ah Premium
Li-Ion

In questi mesi di comunità ti sei accorto che può esserci qualcosa di più?

Può esserci il divertimento sano, senza la sostanza, senza l'offuscamento. Ci si può divertire anche restando lucidi. Ho quasi 25 anni, ho una compagna che ha 3 figli ma è come se fossero i miei. Ci siamo sentiti in videochiamata, è stata un'emozione indescrivibile, sensazioni che prima non provavo: ora so quello che voglio qui dentro e il giorno in cui uscirò.

Se dovessi guardare al passato cosa vedi?

Mi guardo allo specchio e dico: "Sei proprio un coglione, eri un coglione". Ora sto imparando un mestiere in cucina, un posto che mi piace. La mattina mi sveglio con la voglia di imparare ogni giorno qualcosa di nuovo, per costruirmi un futuro lavorativo, un domani più tranquillo fuori da qui.

Cosa ti ha fatto scattare la molla per entrare qui?

Mi sono accorto che c'era un problema quando la mia compagna mi ha messo davanti a un bivio: "Se vuoi continuare ad avere un futuro con me fatti curare, altrimenti quella è la porta". Sono giovane, posso avere un futuro lontano dalle sostanze, ho deciso di dare uno stop e di ripulirmi. Ho scelto di venire per dire basta a quello che facevo prima. All'inizio è stata dura, ogni tanto voglio mollare, ma vado avanti. Qui sono tutti disponibili, mi sto facendo aiutare parecchio e nessuno mi chiede nulla in cambio.

8 ALESSANDRO F.

La sostanza è subdola e prende ogni istinto amplificandolo o uccidendolo. Non ha vie di mezzo e non conosce pietà alcuna. Alessandro ne è consapevole: malgrado le tante cadute si è sempre rialzato. L'ultima volta ha deciso di aprire le porte della comunità in cerca di una mano. E a Pozzolengo ha trovato la fiducia in sé stesso che gli è sempre mancata.

Cos'è per te il concetto di indipendenza?

Un concetto difficile da attuare in questa società. Sono qui ed è dura. Posso tornare ad essere indipendente dalle sostanze, decidendo le sorti della mia vita. Ma si può essere dipendenti da tante cose e le dipendenze, in generale, non portano a nulla di buono. Una volta liberato da questa dovrò stare attento a tutta un'altra serie di problematiche. Non vedo e non sento mia figlia da anni. Quando avevo il dovere di essere responsabile mi sono reso conto che non ero in grado: le sostanze avevano il sopravvento su ogni mia attività giornaliera, non c'era molto spazio per

fare altro. Mi ha fatto stare molto più male di quanto stavo prima e quindi ho aumentato l'uso di sostanze, aggravando la situazione. Prima di arrivare qui ho trascorso un anno e due mesi ai domiciliari: è stato uno shock, ho avuto il tempo di stare da solo e di riflettere. Avendo tanto tempo per pensare, pian piano sono arrivato alla conclusione che avevo bisogno di farmi aiutare. Non è stato semplice, è stato un cambio di vita notevole. A casa ero io da solo a parlare con i muri, qui tutto il giorno hai a che fare con tante persone.

Se oggi dovessi guardarti allo specchio cosa vedi?

Ora comincio a conoscere alcune parti di me che prima non sapevo neanche ci fossero, inizio a provare nuove cose: la sofferenza, le emozioni. Prima era tutto offuscato dalle sostanze. Stavo bene o stavo male non c'era alcuna differenza e ogni occasione era buona per farne uso. Ho iniziato con l'alcol e gli spinelli, ma è stato molto veloce: nel giro di pochi mesi facevo uso di un po' di tutto.

Cos'è ora la cosa più importante?

La libertà. Sono ben lontano dal raggiungerla, me ne rendo conto adesso e ogni giorno di più, perché quando le cose vanno male l'impulso è sempre quello lì. È un meccanismo mentale. L'astinenza fisica l'ho superata abbastanza ma quella mentale sarà un lavoro che durerà tutta la vita. Però mi dà fiducia pensare che tutto questo un giorno sarà più gestibile. Passo dopo passo, bisogna solo aver pazienza. Non si cancellano così 25 anni passati in questa maniera. Fisicamente si riacquistano tutta una serie di sensi, di emozioni sorprendenti. Una scoperta quotidiana. Prima era appiattito tutto e tutto era uguale. Ora sto riscoprendo sensazioni, a volte, quasi infantili.

9 MATTEO A.

Ogni giorno una lotta. Un tormento lungo e perverso che ha rischiato di portarlo all'autodistruzione più di una volta. Ma Matteo ha cercato aiuto, ha chiesto di essere seguito per ritrovarsi e ritrovare la voglia di vivere cancellata dall'apatia delle sostanze.

Se ti dovessi guardare indietro cosa pensi del "vecchio" Matteo?

Ho sempre lottato per la cosa sbagliata, non mi sono mai reso conto che tutte le mie fatiche erano per peggiorarmi e non per migliorarmi. Da tre anni invece sto remando verso una destinazione giusta, che mi dà soddisfazioni e una buona qualità dei rapporti con le persone. È la libertà di poter scegliere indipendentemente. Perché ogni scelta ha una conseguenza ma solo quando ti assumi le responsabilità puoi andare avanti. Io prima non fuggivo da loro perché non sapevo nemmeno che esistessero. Per me le uniche responsabilità erano di procurarmi la sostanza o di crearmi dei rapporti malsani.
Ho iniziato a 14 anni ma solo per somigliare agli altri. La droga non mi aiutava a colmare le mancanze. Tutto quello che al momento mi faceva star bene, cose effimere, le dovevo avere e facevo di tutto per averle. Mi accorgevo se un comportamento era giusto o

sbagliato ma quando sei dipendente non fa la minima differenza.
Dai 14 ai 19 anni sono stato dipendente anche dell'apparire. Poi volevo diventare uomo e mi sono sposato. Ho creduto per tre anni di crearmi una vita da 21enne: una casa, una macchina, un lavoro stabile. Quando questo mondo è crollato, sono crollato con lui e mi sono attaccato alla droga. Da allora l'unico mio obiettivo è stato quello di procurarmi la sostanza. Non solo quando mi svegliavo la mattina, anche perché ero sempre sveglio, h24.

E qui cosa hai recuperato?

Tutto! Ho una linea nuova. Ho capito cosa vuol dire faticare, acquisire rapporti, stili di vita e valori che non mi ricordavo nemmeno esistessero. Tutte cose che adesso mi fanno sentire bene. Ho demolito me stesso e lo sto ricostruendo.

Quali sono i tuoi obiettivi?

Da quando sono entrato ho un unico obiettivo: riuscire a stare bene con me stesso. Ora sto bene ma sento che manca qualcosa. Voglio crescere e avere uno scopo per vivere: intanto posso solo vederlo ma non riesco completamente a capirlo. Mi manca qualche passaggio ma ne sono consapevole. Prima l'unica consapevolezza era stare bene con me stesso. Quel-

la mancanza che non riuscivo ad avere con la droga, la potevo prendere dalla palestra, dallo sport, dalle donne... da qualsiasi altra cosa. L'importante che mi creassero quel benessere momentaneo. Oggi mi basto da solo ma, forse, non del tutto: pensavo di bastarmi però sto scoprendo che non è così. Qui lo sto capendo perché insieme si è ancora più forti. Ho sempre pensato egoisticamente, sono sempre esistito solo io. Un visione unilaterale, non ho mai messo nessuno dentro al mio cerchio. E adesso che sto bene da solo è come se dovessi metterci dentro anche qualcun altro. Non sono più schiavo di niente ed è il regalo più grande: niente schiavitù.

10 ALESSIO C.

La cosa ti prende, ti fa fare "cose" e cancella l'essere umano. La cosa non perdona. È democratica nel far male. Così Alessio dopo essersi perduto ha cercato la via di ritorno trovando la strada per Monte Ingrana. Un cammino lungo, ma che vale la pena fare ad ogni passo.

Come è iniziato il tuo rapporto con la sostanza?

Ho iniziato il weekend, da giovane, per prendere coraggio con una ragazza, per sciogliermi con gli amici,

per fare il bulletto. Perché è divertente, è bello, sei più simpatico. Poi però mi sono accorto che tante cose, senza avere l'alcol o altre sostanze, non riuscivo più ad affrontarle.

Ho iniziato a lavorare a 14 anni, quindi ho avuto sin da subito una disponibilità economica: un fatto che mi ha fregato. Sono partito facendo lo stagionale in un distributore di benzina, poi ho lavorato nei cantieri insieme a gente adulta. Ero il loro pupillo: il giorno mi massacravano e la sera andavamo a far festa. Sono sempre stato con quelli più grandi. La mia famiglia non era in una situazione facile: problemi di dipendenza anche lì, sin da piccolo ho dovuto veder cose non proprio belle.

Se ti dovessi guardare indietro come ti vedi?

Più libero di vivere le emozioni. Prima non le affrontavo, ero sempre anestetizzato. Poi tra un lutto e un altro... ho dovuto affrontare anche la morte di un mio amico e dovevo spegnere il cervello, avevo paura di dormire. Avevo 18 anni: un meccanismo che ho fatto sempre più mio, quello di essere sempre anestetizzato. Ho affrontato tutta la vita in questo modo.

Cosa ti manca per avere l'indipendenza vera?

Nessuno può essere una persona veramente libera: si dipende dal titolare, dalla moglie, dalla società. Però posso essere libero finalmente di vivermi la vita come voglio, con le sensazioni, belle o brutte che siano. Da quando sono qui ho recuperato quella voglia di vivere, che avevo perso. Sono arrivato a un punto in cui non riuscivo nemmeno più a sorridere davanti ai miei figli: vedevo tutto nero. Ero entrato in quel meccanismo lì. Ma bisogna sempre trovare il bello nelle cose. Non è facile, certo e pensavo ci volesse meno tempo per recuperare. Qui ho imparato a parlare, cosa che prima non facevo, perché non aveva senso, perché anche parlando non sarebbe cambiato nulla. Invece ora, quando ho un problema, ne discuto e mi sento meglio. Qui ho imparato a vivere, forse è una stupidaggine ma ho imparato anche a piangere, a chiedere scusa, a stare insieme alle persone, a chiedere aiuto: tutte cose che ho sempre evitato di fare.

Quali sono, oggi, i tuoi obiettivi?

La felicità mia e di mio figlio e un lavoro. Un vita normale e regolare.

11 DAVIDE M.

Difficile voltare le spalle al male dopo quasi 30 anni di abusi e usi. Tutto è iniziato per gioco, per poi finire nel dramma della solitudine imposta dalle overdose. La droga isola e uccide lentamente. Davide lo ha capito suo malgrado, ma poi ha cercato di riprendersi in mano la vita.

Qual è la tua storia di dipendenza?

Ho iniziato a usare cocaina quando avevo 17 anni. Oggi ne ho 42 e sono quasi 15 anni che fumo crack. Cosa mi ha portato a farlo? Una domanda che mi pongo ancora oggi. Ho iniziato per gioco e per divertimento, poi è diventato un vizio, un'abitudine e fino a ieri non ne potevo fare a meno. Col tempo ho capito che è una strada che ti porta alla morte: l'uso di droga ti cancella, ti elimina, ti disintegra. Ho deciso di venire qui pensando a me stesso e alla mia famiglia: ho 7 fratelli e 8 nipotini e i miei genitori sono abbastanza anziani.

Avevi un lavoro?

Ho sempre lavorato ma il tempo per fare uso di cocaina si trova sempre. Poi però inizi a non lavorare più, tutto il resto si elimina in automatico, pensi solo a quello: alla cocaina, a fumare, a trascorrere le tue giornate facendone uso.

Come vedi il tuo domani?

Mio padre ha un'attività di rosticceria, pizzeria, pasticceria. So che il suo sogno è sempre stato quello di avermi al suo fianco. La mia indipendenza passa dalla famiglia, voglio riconquistarla, stare con loro. Voglio far volare l'azienda della mia famiglia, quello che hanno costruito mio padre e mia madre, per noi figli. Io non ce l'ho mai fatta ad apprezzare quello che loro hanno fatto per noi, quello che attualmente stanno facendo le mie sorelle. Non l'ho mai apprezzato per via della droga, perché non ero mai cosciente. Ma ciò che spero e che vorrei, una volta fuori da qui sano e lucido, è stare al fianco delle mie sorelle. Perché sono 30 anni che non mi godo la mia famiglia.

Se guardi al Davide di un mese fa, cosa vedi?

Non c'è una parola per descrivermi, non esiste. La droga uccide ed è vero, io pesavo 90 kg ed ero arrivato a pesarne 65. Spero di farcela e darò anima e cuore per riuscirci. Ne facevo uso tutti i giorni ma ora

quando lavoro durante la giornata non penso più alla cocaina. Sono sempre stato un libro aperto per la mia famiglia, ho sempre raccontato tutto. Sapevano ogni cosa di me, a volte raccontavo situazioni un po' edulcorate ma erano a conoscenza di tutto. E ora mentre lavoro penso solo a loro. Mi sento quasi libero, ed è bello. Sicuramente sono ancora instabile, magari domani litigo con qualcuno ed esco. Finora, però, non posso lamentarmi di nulla.

12 GIOVANNI V.

Una via di fuga dalle responsabilità e dal lavoro. Un rifugio. Un conforto divenuto presto prigione. Giovanni ora ha capito: la droga non era la compagna ma il mezzo per arrivare presto alla fine. Si è fermato prima. Cercando una nuova ripartenza.

Come inizia la tua storia di dipendenza?

Fin da giovanissimo ero carico di grandi responsabilità: avevo un'attività, ho iniziato a lavorare presto, i miei genitori erano divorziati e mio padre era in difficoltà economica. Mi sentivo quasi l'uomo di casa. Da figlio maschio, ho sempre messo il lavoro prima di ogni cosa, trascurando il resto. Facevo l'installatore di luminarie, unico della famiglia che ha portato avanti l'azienda ed era la mia gioia, quella che mi dava tante soddisfazioni. Ma facendo questo lavoro purtroppo mi sono vietato tutto il resto, a partire dalla famiglia: mancavo tante ore, stavo via da casa 15-20 giorni. Facevo trasferte in tutta Italia e a casa non c'ero mai. Avevo una bella famiglia ma che purtroppo... A un certo punto vedevo solo il lavoro e la droga: sono stato un cattivo padre, non sono stato in grado di costruire un rapporto con i miei genitori, i miei fratelli, con gli amici. La mattina mi svegliavo e andavo a lavorare, fiero di me stesso pensando di fare la cosa giusta e invece... Il lavoro è uno strumento importantissimo nella vita ma io ho esagerato, l'ho sempre messo al primo posto, era una forte dipendenza: il mio obiettivo era di arrivare a livelli alti e di lavorare con le ditte numero uno al mondo. E ci sono riuscito, senza calcolare però che c'erano cose più importanti, per esempio mio figlio che ora ha 10 anni ma che conosco pochissimo. Quando ero a casa mi rintanavo nel mio mondo, a drogarmi. Poi c'è stato il divorzio con sua madre, potevo vederlo solo il fine settimana ma anche quando ce l'avevo mi drogavo e non gli davo alcun peso. Mi sento una merda per questo, ho tanti sensi di colpa per non aver mai fatto il padre.

Il tuo senso di indipendenza qual è?

Vorrei avere un lavoro normale, fare le mie 8 ore e tornare a casa dalla mia famiglia. Vorrei tornare

9
SELECTOR
GIMAR
8

ad essere un buon padre, perché lo sono stato fino a quando il bambino aveva 2-3 anni, ero un bravissimo padre. Poi, non ho più saputo gestire la situazione.

Quando guardi il Giovanni di sei mesi fa, noti qualche differenza?

Tantissime: ero permalosissimo, frenetico a livelli assurdi. Qui ho provato a gestire i momenti morti. Fuori non succedeva mai. Se non avevo soldi trovavo qualsiasi modo per averli: rubavo, ho fatto torti in famiglia, ne ho fatte di tutti i colori. Quello che guadagnavo non bastava. Ho fatto debiti, sono andato rubare. Non ero più una persona affidabile, né a casa né fuori. Mi ero immischiato anche con gente abbastanza pericolosa. Sul lavoro, invece, ero un'altra persona, anche se fumavo alle 6 di mattina. Ma in quei momenti Giovanni non era più il tossico, era il lavoratore, l'artista. Non ho mai dato modo alle persone di capire la vita che conducevo. Lo sapevamo solo io e mio padre, perché lui l'ha vissuta in prima persona. Ma il crack è una droga maledetta e non lo auguro a nessuno. Ho iniziato nel 2011, avevo 20 anni. Prima di allora solo qualche canna a scuola, ma quando ho iniziato con la cocaina non ho più smesso: tutti i giorni, tutti. La cosa peggiore è che ho un vuoto di memoria degli ultimi 4-5 anni. Mi ricordo solo i fatti che riguardano il lavoro, per il resto niente: tutto bruciato.

13 AARON L.

Guardarsi alle spalle e non riconoscersi. Guardare avanti e sperare di essersi ritrovati. Aaron non ha più paura di guardare dentro la sua anima. L'equilibrio va conquistato, pezzo per pezzo, anche a costo di distruggere il vecchio "io" e ricostruirsi su nuove fondamenta.

Quando ti guardi indietro che Aaron vedi?

È ancora presto per dirlo ma sto imparando a conoscermi. Sicuramente vedo una persona confusa e abbastanza repressa da vari punti di vista. Un ragazzo che ha sofferto molto e che, per colmare dispiaceri e sofferenze, è caduto nella droga. Non dò la colpa a nessuno, il 75 per cento delle mie azioni le ho fatte volutamente. Potevo fermarmi e invece sono andato avanti.

E, oggi, del nuovo te stesso, cosa ti colpisce?

Non ho mai pensato di andar via, anzi penso che il posto giusto per me sia questo. Sono ancora confuso ma ho le idee un po' più chiare. Sto iniziando a capire veramente i valori della vita, della salute e mi sto riscoprendo per quello che sono realmente. Ho iniziato a drogarmi quando avevo 13 anni, l'ho fatto dai 13 ai 32: ora sto capendo davvero che persona sono e chi

potevo essere ma soprattutto chi sono stato. Potevo essere una gran persona: le capacità e i valori li ho, ma li ho usati solo per peggiorare le cose.

Cosa non ti piaceva di te?

In realtà fino a poco fa mi piacevano un sacco di sfaccettature di me. Ma ho trascurato le cose che contavano veramente. Non mi piaceva il non riuscire a dare fiducia e non riceverne. Io stavo bene nella sostanza, era il momento migliore della giornata: annegare e soffocare i pensieri con la droga, l'unica soluzione ai problemi. Tutti dicono che la droga è il problema: per me la droga era la soluzione a qualsiasi tipo di problema che mi portavo dentro.

Quando hai capito che non era la soluzione ma il problema?

L'ho capito 5 mesi fa, forse un po' di più, ma non riuscivo ad accettarlo. Non è facile, non ci vuoi credere e non lo vuoi ammettere. Non lo accetti, continui a convincerti che ce la puoi fare da solo. Forse si deve arrivare al punto, come nel mio caso, di perdere tutto: famiglia, casa, trovarti in mezzo a una strada senza più niente, senza più una briciola di fiducia da parte di nessuno. E allora lì inizi a pensare di fare un passo indietro. Dopo 4 anni che sfogliavo su internet le varie comunità, alla fine ho accettato il fatto che avessi bisogno di aiuto.

È stato un bisogno fisico?

No, è partito dalla testa, il mio fisico poteva andare avanti ancora. Arrivato a 33 anni mi sono chiesto cosa volessi dalla vita, il tempo passava e recuperare diventava sempre più difficile. Quando vedi ragazzi della tua età essere realizzati e invece tu sei in quelle condizioni, capisci che c'è qualcosa che non va. Oggi ho capito che c'è molto altro, che la solitudine non è la strada giusta. Ora ho bisogno di tutto quello che prima allontanavo.

Ti stai ricostruendo?

In realtà ancora non ci penso molto: non vado indietro ma neanche avanti. Vivo l'oggi e al domani ci penserò più in là. C'è molta strada da fare. Sicuramente è la migliore decisione che potessi prendere e la porterò a termine. So che è dura: devo lavorare su me stesso, perdonarmi per quello che ho fatto, risolvere parecchi enigmi che ho in testa. Ma con la mente più libera riuscirò a ragionare meglio su molte cose. E se un giorno dovessi aver bisogno chiederò a una persona, non di certo a qualcosa che mi ha complicato solo la vita.

14 CRISTIAN S.

Bicchieri vuoti da riempire di sogni, aspettative, successi. Vite da riempire con il meglio. Cristian non ha detto "no" solo alla droga ma anche al suo carattere, lo stesso che lo ha spinto ad isolarsi e a cercare rifugio in quello che oggi definisce "veleno".

Cosa rappresenta per te l'indipendenza?

Ho capito che siamo dei bicchieri vuoti, ogni giorno perdiamo una goccia ma ogni giorno dobbiamo metterne dentro una nuova per non svuotarci. Perché una volta vuoti non facciamo altro che tornare in quel mondo terribile. Ci dobbiamo riempire di autostima e di piccole cose a cui prima non davamo valore. Io sto imparando a dare un senso ogni giorno alle cose che faccio. Non sono qui solo per disintossicarmi dalla droga ma per cambiare il mio carattere, le mie abitudini e i miei pensieri, perché sono stati quelli a portarmi nel mondo della droga. Ogni giorno a noi tossici viene in mente la sostanza: è il cosiddetto craving. Io durante il giorno non ne sento il bisogno, lo sento di notte quando sogno. Sogno che mi fumo la bottiglia, sogno il cucchiaio e la sniffata. La mattina però mi sveglio senza la voglia.
La razza umana non dimentica ciò che ha fatto, noi non lo dimenticheremo mai ma dobbiamo essere forti a contrastare il passato. Perché, dopotutto, il telefo-

no lo prendiamo noi, la droga la compriamo noi: siamo gli artefici dei nostri gesti e delle nostre azioni.

Come è iniziato il tuo percorso nella dipendenza?

Ho iniziato da minorenne con le prime cannette, ma la mia dipendenza è stata con la cocaina, dopo il militare, intorno ai 20 anni. Ora ne ho 40: sono 20 anni di cocaina. Non mi ha distrutto quella sostanza, ma il crack: in tre anni ho fatto cose che non ho fatto in 37 anni. La voglia e la gioia che ti dà quella sostanza lì: ti risolve tutto, ti crea un tuo mondo, ti senti potente, capace, sei intelligente e forte. Ma quando quella sostanza cade, piangi, sei pieno di sensi di colpa.

Di questo iniziale percorso cosa ti ha stupito di te stesso?

La mia forza di volontà. Uscire da quella strada è davvero dura ma vuol dire che sono forte. Ora sono felice di riscoprire i piaceri della vita anche se dentro a una comunità: alzarsi al mattino sereno e senza avere mal di testa, avere sempre appetito. Piccole cose ma che mi stanno riempiendo. Prima se avevo 50 euro in mano non pensavo alla spesa, all'affitto o alle bollette. Andavo direttamente da chi dovevo andare. È una droga che ti distrugge gli organi: io fortunatamente non sto avendo crisi organiche da astinenza anzi, le sto annientando. Vado in palestra, lavoro in vigna, faccio la legna. Mi sento una forza dentro immensa che prima non avevo. Quando usi quella roba diventi il nulla: ti passa la fame, il sorriso, tutto. Mi stavo svuotando e mi sono svuotato. Sono arrivato a un punto in cui o scavavo o mi rialzavo.

Cosa ti aspetti dal domani?

C'è chi risolve il problema subito, chi in più tempo. Per me l'importante è risolverlo. Sono consapevole di non aver ancora la capacità e il metodo di aggirare la sostanza. Ma so che, con la mia forza di volontà, posso riuscirci: non uscirò da qui per cascarci di nuovo. Io non sto modificando Cristian ma lo sto distruggendo. Devo ricostruirmi con le cose che sto imparando e con gli strumenti che mi sta dando la comunità, so quello che voglio per me.

Come sogni il passato sogni anche il futuro?

Certo ed è fondamentale: per noi tossici il passato è depressione, il futuro è immaginazione. Quello su cui dobbiamo lavorare, qui e ora, è il presente per avere un buon futuro.
Il mio futuro è riprendermi la vita, sorridere e avere ottima salute. So che ho una famiglia fuori ed è una fortuna: mio padre ha aperto una carrozzeria per darmi un domani e mi aspetta, una volta uscito da qui. Devo riscattarmi di tutti i no detti alle persone che sono fuori e che mi stanno aspettando: al mio

cane e a mio nipote che quando mi veniva a cercare non avevo mai tempo. Voglio farlo e ce la farò.

15 EDI S. M.

Gioventù bruciata. Anni buttati al vento senza un perché e mai più ritrovati. Edi oggi cerca la memoria, rivuole il tempo perso e bruciato dalle sostanze in un falò che lo ha travolto fino a spingerlo al cambiamento. In Lautari ha trovato una mano amica. La stessa che stringe forte per non stare più solo.

I tuoi primi contatti con le sostanze risalgono a quando eri molto giovane...

Ho iniziato stando in mezzo agli amici, tutti si facevano le canne per sentirsi parte del gruppo e fare il "coatto". Ma ho iniziato a rendermi conto che avevo un problema quando era già tardi. Abusavo quotidianamente di alcol e cocaina: l'alcol mi portava alla cocaina, era tutto legato. All'inizio lo facevo senza abusare ma solo per svagarmi. Non avevo il pensiero fisso. Poi, mi sono lasciato con la madre di mia figlia: mi è crollato il mondo addosso, sono andato in depressione e da lì ho iniziato ad anestetizzare il dolore con queste sostanze. Alcol e cocaina mi permettevano di non pensare a nulla.

Se ti dovessi guardare indietro, cosa vedi?

Sono entrato qui perché ho preso coscienza che c'era qualcosa che non andava, avevo capito che era diventata una necessità. Appena mi svegliavo la prima cosa era bere una birra, poi un'altra e un'altra ancora, poi arrivava la cocaina. All'epoca facevo il cuoco: un lavoro stressante. Anche per questo motivo, quando uscivo, sentivo il bisogno di rilassarmi, di evadere dalla realtà, di non pensare. Da solo non mi piaceva, ero sempre in compagnia. Poi, quel giorno... mi sono accorto di essere arrivato al limite: ero tornato a casa e sono andato ad aprire il portafoglio di mio padre, lì ho capito. Prima di allora, tutti mi parlavano di comunità, mi guardavano e mi dicevano che stavo male, ma io non ho mai voluto ascoltare nessuno. Abusavo di sostanze ma senza andare contro ai miei principi. Quando ho fatto quel gesto, invece, ho capito che avevano ragione. Io spendevo tutto ciò che avevo in alcol e cocaina, non riuscivo neanche a mandare i soldi a mia figlia, tutto quello che guadagnavo lo buttavo lì.

Come ti vedi da qui ai prossimi mesi?

Ogni giorno ho un obiettivo diverso: un giorno ho un'idea e un giorno ne ho un'altra. Voglio riprendermi e stare bene con me stesso. Vorrei cambiare lavoro: mio padre fa il muratore e lavora in proprio, ho pensato di mettermi al suo fianco. Ma non ne sono sicuro: per ora non ho tanta voglia di tornare a Roma. Una volta

28

uscito vorrei andare in Germania, vicino a mia figlia che ha 10 anni, vorrei ritrovare me stesso lì. Voglio recuperare il tempo perso soprattutto con lei, starle vicino. A livello affettivo ci sono stato ma è mancata la mia presenza, avrei voluto fare tante cose con lei e invece... L'ultima volta che è venuta è stata l'estate prima del Covid: la mia ragazza in quei giorni mi ha salvato, guidava lei la macchina per accompagnarci nei vari posti, mi prestava i soldi. Volevo portarla a Gardaland o a Mirabilandia: avrei voluto fare tante cose con lei e non ci sono riuscito.

16 CIRO D.L.

La prima siringa a 13 anni. Poi il vuoto che ha inghiottito le giornate di un bambino che ha scelto di camminare con i fantasmi. Ciro non nasconde le sue debolezze, né la voglia di ritrovare quel bambino perduto. Oggi guarda oltre. Sapendo che nulla gli sarà regalato e che serve dedizione anche per rinascere.

I primi approcci con la sostanza li hai avuti che eri giovanissimo...

Sì, a 13 anni la prima siringa, ma ho iniziato già molto prima: alle elementari fumavo le canne.

Perché lo facevi?

Non pensavo alla dipendenza, anche i miei fratelli più grandi erano tossicodipendenti: a casa mia girava la droga come fosse acqua naturale. E quindi, un po' per curiosità, un po' la compagnia sbagliata... per me è stato normale.

Quando ti guardi indietro, vedi qualche differenza con il Ciro di oggi?

Sì, in tutto. All'epoca ero solo un bambino. È vero che si inizia per gioco ma poi ti rendi conto che ti trovi in mezzo a una vita che non puoi continuare a fare a lungo. A 23 anni ho smesso per 16 anni, poi ci sono ricascato. In quel periodo avevo puntato tutto sul lavoro e sulla famiglia: nel momento in cui hanno iniziato a vacillare e a mancare è stato l'inizio di una nuova fine. Dopo esser stato licenziato sono entrato in depressione e mi sono rifugiato nella droga, l'unica cosa che mi faceva stare bene.

Poi, in quel marzo del 2017 cosa ti ha fatto capire che dovevi uscirne?

Mia figlia è stata la motivazione principale, senza dirmi niente ma solo guardandola. L'ultimo periodo l'ho trascorso drogandomi il giorno e andando a rubare di notte. Oggi, alzarmi dal letto e non avere alcuna dipendenza è la cosa più bella che possa esistere. Prima il mio stare bene dipendeva da cose esterne, cose materiali. Ora, mi parte da dentro. Mi sento bene interiormente e so di trasmetterlo anche agli altri. Per ora vorrei stare qui e cercare un futuro all'interno di questa comunità. Ho molte responsabilità qui dentro, nelle mansioni che mi hanno affidato e che mi stanno aiutando a crescere.

17 MASSIMO T.

La prima è stata una "cannetta", che pensava come un gioco. Una maniera di essere grande. Poi è arrivato il resto. Più pesante da affrontare da solo. Massimo ha capito che la droga non era la soluzione ma il suo problema. Da qui il primo passo che lo ha portato a chiedere aiuto, ammettendo di essersi perso.

Quando hai iniziato a fare uso di sostanze?

Avevo 15 anni con la classica cannetta, poi durante il militare ho provato varie droghe: cocaina, acidi, funghi. Ci sono andato giù pesante. Volevo provare, non perché ne fossi dipendente. Il mio obiettivo era risolvere i problemi che avevo attraverso un bicchiere, una striscia di coca. Poi, però, è andata a finire che non potevo più farne a meno. Sono stato anche arre-

stato: ho passato 4 anni della mia vita in carcere, e ho continuato a dragarmi mentre ero dentro. Ora sono agli arresti domiciliari, in affidamento qui in comunità, dopo aver fatto un percorso psicologico al Sert.

Tu lì hai capito che la droga non era una soluzione ma il problema?

Sì ed è il motivo per cui ho deciso di fare questo passo. Ho 40 anni e fino a un anno fa per me la comunità non era un rimedio. Ero convinto di farcela da solo e invece mi sono reso conto che non era vero. Perché nel momento in cui riuscivo a togliere una sostanza dalla "lista" veniva immediatamente sostituita

da un'altra: se toglievo la cocaina, inserivo l'eroina, toglievo l'eroina e inserivo l'alcol, e così via. Anche la mia compagna faceva uso di eroina, ha fatto il suo percorso a San Patrignano, ma non ci siamo più sentiti. Sono tre anni ormai e spero stia bene.

Fuori da qui avevi un lavoro?

Sì, sono un falegname artigiano. Ho lavorato anche come tornitore in un'azienda di Novara, fino a quando non ha chiuso. Allora sono tornato a Benevento e sono stato assunto in un mobilificio. Prendevo molti soldi ma non vedevo l'ora che arrivasse la sera per andare a bere e a drogarmi. Mi bruciavo lo stipendio così, non bastava mai e quindi facevo anche altri lavoretti.

Vedi delle differenze con il Massimo di qualche mese fa?

Sì, sono entrato qui da poco ma la differenza è già tanta: fisicamente e mentalmente sono migliorato tantissimo. Riesco ad avere più autocontrollo, ma devo continuare a lavorarci su.

18 ETTORE P.

La sostanza come sedativo ai rifiuti. Un modo per vincere la timidezza e non farsi "problemi". Per Ettore drogarsi era l'unico modo per contare, essere qualcuno e non subire la sua timidezza. Ma poi tutto è diventato ingestibile e la sostanza ha preso il controllo fino ad azzittire la ragione. La svolta per un figlio che non si è mai goduto e per sé stesso.

Perché hai iniziato a fare uso di droghe?

Non lo so, da piccolino non mi è mai mancato nulla. Sarà stata l'adolescenza, i rifiuti delle ragazze, le prime canne. Perché poi mi è scattato qualcosa dentro: volevo fare soldi, nonostante non mi mancassero. Da giovane, infatti, vendevo un po' di fumo. In quegli anni è arrivata la delusione della prima ragazza e ho iniziato a fare uso di cocaina e a venderla. Ho sempre

ITALIA

NEW YORK

lavorato nell'azienda di famiglia ma nel frattempo... Nel 2000 è arrivata la prima denuncia, nel 2005 sono stato arrestato e ho fatto un anno di prigione. Ho 49 anni e per tanto tempo sono sempre stato dietro alla sostanza, l'unica cosa a cui davo valore, nonostante abbia un figlio che ora ha 15 e con cui sto iniziando a costruire un bellissimo rapporto.

Perché lo facevi?

Vedevo il benessere della mia famiglia che però non era il mio, volevo qualcosa che fosse solo mio. Ho fatto tanti soldi, poi però li ho persi. Con mia moglie, ne faceva uso anche lei, il matrimonio è andato male. Dopo poco conosco un'altra donna, un po' esigente e colgo l'occasione di fare affari in maniera sporca e mi lancio completamente in questo mondo. Finché la situazione degenera: avevo accumulato 130 mila euro di debito. I miei genitori, questa volta e a ragione, non mi hanno voluto aiutare. E quindi sono entrato in comunità. Inizialmente e principalmente per calmare le acque. Vengo dalla "Shalom" di Palazzolo, in cui ho fatto due anni e 2 mesi. Tramite il mio avvocato mi sono fatto trasferire qui e sono contento di questa scelta: qui ti seguono psicologi, operatori, si muovono immediatamente se hai bisogno di qualcosa, sai cosa succede fuori ed è una comunità che rispecchia, per quanto possibile, la realtà esterna.

Qual è il tuo obiettivo?

So che mi devo allontanare dalla famiglia e da Brescia. Dovrò cambiare vita: per ora voglio continuare a stare qui e vedere cosa succede. Mio figlio aspetta che torni a casa, ma per ora devo stare qui. Il mio problema non era il vizio, non ero un tossico, ma il mio pensiero era fare i soldi. Sicuramente con la mia "attività" ho rovinato tanti ragazzi, ho capito il problema e sto andando avanti. Una volta fuori vorrei fare tutto per mio figlio.

19 SIMONE A.

I buchi non erano solo quelli sulla pelle ma dentro il cuore. E se i primi davano l'illusione del benessere i secondi diventavano voragini pronte a inghiottirti. Simone ha chiuso con il passato e sta rimarginando i suoi "buchi". Dentro il cuore ha ancora tanta paura, ma la forza di rialzarsi la trova ricostruendo la vita normale che si è perso per strada.

Da dove parte la tua storia di dipendenza?

Ho iniziato con le prime canne a 13 anni. Lo facevo per sentirmi parte di qualcosa, per essere qualcuno. Fin da piccolo ho sempre avuto il bisogno di essere al centro dell'attenzione. Quando, però, da adolescente mi sono ritrovato in un mondo molto più vasto, per risaltare ho dovuto fare qualcosa di più della normalità. E ho iniziato a drogarmi: cocaina, ecstasy, LSD, eroina.

A 16 anni il primo buco, ma l'eroina la fumavo anche. Poi c'è stato il declino: le overdose, molti amici sono morti, il suono delle ambulanze era frequente. L'ascesa, non nascondo, è stata bella: spacciavo, ero al centro dell'attenzione, tutti mi cercavano. Ma una volta arrivato al culmine, mi sono reso conto che non ce la facevo più e che mi era sfuggito tutto dalle mani. Una parte di me sapeva che mi stavo distruggendo: a volte mi chiedevo se avessi mai superato i 20 anni. La mattina mi alzavo in astinenza, urlavo che non ce la facevo più. Ogni giorno volevo smettere, ogni sera stringevo i denti, provavo a resistere qualche ora, poi però tornavo a drogarmi. È andata avanti così per qualche annetto: resistevo un giorno o poco di più, ma puntualmente ci ricascavo. Poi ho conosciuto la mia ex ragazza: ho sostituito la dipendenza dalle sostanze con quella affettiva. Mi sono sempre buttato a capofitto nei rapporti: per lei ho smesso di drogarmi, ho cambiato compagnia, lavoravo. Quando la storia è finita mi è crollato il mondo addosso: come fossi in astinenza. Non riuscivo a uscire di casa, non avevo forze e mi sono avvicinato di nuovo alla droga. Questa volta alla cocaina. Ho conosciuto un'altra ragazza, ho avuto una figlia e ho smesso di nuovo con la droga.

Ho aperto un B&B, lavoravo, ho sistemato casa, ho messo i soldi da parte, stavo con la mia bimba. Poi mi sono separato e sono di nuovo ricaduto. Ho conosciuto un'altra ragazza con cui ho avuto un'altra figlia. Ma ormai avevo rotto quel patto con me stesso. Continuavo a drogarmi, lo faceva anche la mia compagna: cocaina ed eroina. Gli ultimi anni sono stati il declino. Guadagnavo bene ma li spendevo in droga. Mi sono devastato. Finché ho detto basta: è accaduto quando volevano togliermi le figlie, lo avrebbero fatto se non fossi venuto in comunità.

Hai avuto esperienze in altre comunità?

Nel 2017 la prima, quasi un anno di comunità: sono scappato e ho ripreso a drogarmi. Poi sono entrato qui.

Quando guardi il Simone del passato, cosa pensi?

Che non ero cosciente e consapevole di nulla, non mi conoscevo. Ora vorrei saper scegliere ed essere protagonista della mia vita. Sono qui per me stesso: lo scorso anno la mia compagna mi ha chiesto di tornare a casa da lei e da nostra figlia, ma ho scelto di restare qui. Devo uscire dalle mie dipendenze, devo farcela, devo scegliere ciò che è giusto per me. Devo stare bene prima con me stesso.

LAUTARI
LAUTARI
LAUTARI

LAUTARI

20 CHRISTIAN B.

Emarginato, tenuto a distanza e sempre sotto esame da parte dei compagni. Così la sostanza è diventata amica. Rifugio impalpabile e segreto per la paura di non essere accettato. Christian ha compreso il disagio e ci lavora giorno e notte. Senza più paura di essere messo da parte. Perché si basta da solo.

Il primo contatto con la sostanza quando è avvenuto?

Ero molto giovane. Alle elementari ma soprattutto alle medie mi mettevano da parte. Un po' per l'aspetto fisico e un po' perché soffro di Dhd e facevo fatica a restare concentrato in classe, ero iperattivo, molto spesso restavo fuori dall'aula ed ero considerato un elemento negativo. Non sempre avevano un'opinione positiva di me. Un malessere che cercavo di risolvere attraverso la sostanza. Ho iniziato a fumare canne dopo gli allenamenti di calcio, dove ero abbastanza bravo ma ho mandato tutto all'aria. Dalle canne sono passato alla cocaina e poi all'eroina. Da quel momento tutti venivano da me, mi sentivo parte di qualcosa.

Sei ospite da oltre un anno, noti differenze dal Christian di prima?

Sì, ho subìto cambiamenti positivi. Ero arrivato a un punto in cui non riuscivo neppure a pensare: l'unico mio pensiero era l'eroina. Una dipendenza psicologica e fisica. Il mio unico pensiero era dove trovarla e come fare i soldi per averla.

Anche tuo fratello e la tua compagna stanno facendo un percorso simile al tuo...

Sì a San Patrignano, la mia fidanzata è stata lì un anno e mezzo, una volta maggiorenne è uscita, mio fratello invece è ancora dentro. So che fuori mi aspettano le persone che mi vogliono bene: avrò modo di riscattarmi e di dimostrare qualcosa a me stesso e a loro.

Usando le sostanze cercavi di scappare da te stesso?

Sì, non accettavo di essere fragile, di avere delle paure e di essere costantemente condizionato dall'opinione degli altri. Non avevo una grande autostima, con la sostanza invece riuscivo ad averla, mi permetteva di sentirmi migliore degli altri, apprezzato, cercato. Mi riempiva di emozioni.

KATO

Quando ti sei accorto che quella non era la soluzione ma il problema?

Con l'ultima overdose: è stata tosta. Sei giorni prima di entrare qui: era il mio compleanno e ho voluto isolarmi da tutto e da tutti.
Mio fratello era entrato in comunità, qualche tempo prima avevo provato anche io, ma era una comunità molto dura, potevo prendere il metadone e l'ho preso per parecchio tempo anche per aiutarmi nei miei problemi fisici.
Anche la mia ragazza era entrata in comunità. E mi sono ritrovato da solo. Inizialmente non volevo entrare qui, non capivo ancora di avere un problema e se lo capivo accantonavo il pensiero, lo nascondevo.
Pensieri che mi venivano quando non avevo la sostanza, se mi drogavo invece passava tutto e stavo bene.
Poi sono entrato e mi è passata l'astinenza fisica e mentale. Ho capito che questo è un posto in cui posso gettare le basi per il mio futuro, al di là dalle dipendenze. Vorrei uscire ed essere libero e indipendente.

21 MARCO M.

Lo sballo. La voglia di essere lontano da tutti. Il desiderio di contare solo per un istante. Poi il buio, il freddo delle crisi e la consapevolezza che da soli non si risolve nulla. Marco ha scelto di svoltare. Ha detto addio alla sostanza cercando spiragli di luce dove prima c'erano solo profonde ombre.

A quando risalgono i primi contatti con la sostanza?

Avevo 12 anni, con le prime canne. Ma poco dopo, a 13-14 anni, le pastiglie e poi tutto il resto. Avevo una situazione familiare non semplice: avevamo subìto uno sfratto, con mio fratello non ho mai avuto un rapporto, sono 17 anni che non ci parliamo. Nella compagnia di amici ho trovato la mia famiglia. Per fare i cretini abbiamo iniziato con le prime canne ma la situazione è degenerata. A casa il clima era sempre più difficile e me ne sono andato. In quel periodo sono entrato nella microcriminalità. La rabbia che avevo dentro la sfogavo nella sostanza.

Se oggi guardi al Marco che è entrato, cosa è cambiato?

Il Marco che è entrato era solo un'entità, ora sono una persona. Una volta fuori vorrei non avere più paura di me stesso e di tante altre cose. Ora ho paura di uscire e di non essere controllato, di non avere punti di riferimento. Ho paura della solitudine e delle sue conseguenze. Il mio non era vivere: speravo di morire da un momento all'altro. Una ricerca della morte all'inizio inconsapevole, poi voluta. Prima di entrare ho provato a farla finita ma fortunatamente non ci sono riuscito.

Hai 30 anni, hai ancora una vita davanti. Cosa vorresti fare?

Ho passato molti anni in giro per l'Europa, il mio lavoro mi è sempre piaciuto: facevo il falegname, il montatore. La mia paura non è il lavoro ma è il dopo. Sono entrato pensando che fosse impossibile stare qui e invece... Il mio pensiero è cambiato. Non so quando uscirò: alcune volte penso di non uscire mai più.

22 PAOLO M.

La svolta arriva in silenzio. Non c'è un sintomo che ti dice che hai dimenticato chi eri e che sei "nuovo". Ma Paolo non si fa domande: lavora, vive, pensa al domani. Piccole soddisfazioni, grandi risultati per chi dai 13 ai 40 anni ha cercato di scansare il mondo annichilendosi con la droga. Ma poi tutto cambia, ad iniziare dalla consapevolezza che la forza la si ha dentro, vicino al cuore che batte per la famiglia ritrovata o trovata altrove.

Sei entrato nel 2016, cosa vedi di diverso da quel giorno?

Ora vedo un Paolo nuovo e sotto certi aspetti un po' mi spaventa. Sto riscoprendo cose che non conoscevo: sentimenti, emozioni, l'amore verso la famiglia. Fanno paura perché è tutto nuovo.

Quando è iniziata la tua storia di dipendenza?

Avevo 13 anni e sono andato avanti fino ai 40, più o meno: una vita intera senza aver vissuto emozioni vere. È tutto nuovo e viverle tutte insieme fa un po' paura. Però, allo stesso tempo, è bello riscoprirle, è bello parlarne senza vergogna e anzi, farle diventare un punto di forza.

Cosa significa per te l'indipendenza?

Essere libero di esprimermi per quello che sono, cosa che non ho mai fatto. Senza paura dei giudizi. In questi 30 anni ho perso ogni cosa. Molti dottori si stupiscono del fatto che io sia ancora vivo. Mi hanno preso per i capelli e sono stato ricoverato per 4 mesi. Una volta uscito, però, ho ricominciato a farmi: la molla è scattata, quando andavo da solo nei casolari di campagna. Ma purtroppo abbondavo. Poi sono entrato in comunità, quasi per caso: è stato grazie a un mio amico che mi ha fatto entrare prima a San Patrignano e poi qui. Un giorno mi chiese di pitturargli casa, lui in realtà non ne aveva bisogno. Abbiamo iniziato a parlare di comunità, mi ha presentato un depliant con le varie comunità ed è andato a lavorare. Rimasto solo ho letto l'opuscolo e questa dei Lautari mi ha colpito davvero.

Qual è a parte più difficile?

È chiedere aiuto. I mostri non ci sono più, ma allo stesso tempo ho paura di uscire. Se sto fuori mi manca l'aria, ancora non sono in grado di affrontare il mondo esterno. Forse avrò sempre bisogno di qualcuno con cui sfogarmi e parlare. Io resterei qui, se ci fosse una possibilità di lavoro e di collaborazione: devo tutto a questo posto.

IMPIANTI ELETTRICI
SOTTO TENSIONE
È VIETATO:
È OBBLIGATORIO:

23 ENNIO P.

Cadere, rialzarsi. Ma poi ancora cedere. Fino alla determinazione che non accadrà più. Ennio è così, determinato e consapevole che nulla avviene senza sacrifici. E la sua rinascita ora la vede più vicina. Perché ha compreso quanto sia importante vivere e non "sopravvivere" a sé stessi.

Sei qui da tanto tempo...

Sono qui dal 2009, sono andato via nel 2014 ma dopo 3 anni sono rientrato. Dal primo giorno che sono rientrato ho iniziato ad avere paura. Paura non di uscire ma di dover ricominciare a ricostruire tutto, paura della ricaduta, del fallimento. Una sana paura, però, che mi dà la forza di reagire e di fare qualcosa di diverso. La prima volta che sono uscito mi sentivo il più forte del mondo, ma affrontavo tutto con leggerezza e... ho sbagliato di nuovo. Sono tornato perché ero stanco sia mentalmente che fisicamente non ce la facevo più, ero stanco di quella vita.

Oggi se ti dovessi immaginare fuori, come pensi possa essere?

Sto lavorando affinché una volta fuori possa essere indipendente, mi stanno dando gli strumenti per riuscire a farlo. Sto vivendo una storia qui dentro, con un'operatrice. Mi sto dando delle possibilità nuove. Ho sempre seguito gli altri, per quello ho iniziato a drogarmi: per seguire gli altri. E l'ho continuato a fare nel tempo, non ho mai preso decisioni autonomamente, mi sono sempre fatto trascinare. Ora non più.

24 FRANCESCO Q.

Il primo passo è chiedere aiuto. Ammettere che qualcosa si è spezzato e necessita di una "aggiustata". Francesco ci ha provato. Ha allontanato il peggio guardando cosa di buono aveva ancora dentro. Il percorso è lungo. Ma il tempo non manca a Pozzolengo.

Sei qui da parecchio tempo...

Da quattro anni, è la prima comunità che faccio nonostante i miei problemi di droga: cocaina, eroina, ecstasy e altro. Ne sono uscito una prima volta a 30 anni tramite il Sert: sono stato buono e tranquillo per circa 15 anni, poi però sono caduto nell'alcol. La prima volta che ho smesso di drogarmi per lungo tempo è quando ho conosciuto la mia ragazza. Ma quando mi si sono presentate diverse difficoltà, anche molto pesanti, non sono stato in grado di affrontarle e la mia dipendenza l'ho spostata dalla mia compagna all'alcol. Sono Veneto e l'alcol fa parte della nostra cultura, in più ho studiato agraria: quindi è una sostanza che è sempre stata presente nella mia vita, fino a quando non ha preso il sopravvento. È iniziato tutto a causa di una diverticolite che mi ha portato quasi alla morte. Ho dovuto chiudere una ditta di giardinaggio con la crisi, ma qui ho ritrovato la mia dimensione: mi occupo del verde, sono responsabile della vigna. All'epoca però, sono caduto in depressione, ho tentato il suicidio più volte e fortunatamente non ci sono mai riuscito. Ed ora sono qui grazie ai miei familiari che hanno preso contatti con Lautari.

Come immagini il tuo futuro?

Ho visto molte persone andare via e staccare per sempre, io vorrei restare per portare la mia esperienza ai ragazzi che entrano e per chiedere aiuto in caso fossi di nuovo in pericolo. Con la psicologa ho chiesto di continuare, mi ha aiutato ad avere rapporti più limpidi e trasparenti. Ora ho paura di scivolare e quindi resterò aggrappato a questo posto. Un cordone ombelicale che verrà tagliato con il tempo, quando sarà giunto il momento.

Quando guardi il passato cosa vedi?

Ho buttato via tutto quello che avevo: una casa, una compagna, soldi. Un fallimento. Ora mi ritrovo a 50 anni a dover ricostruire tutto da capo. Ho buoni rapporti con mio padre e mio fratello che mi sono vicini, fortunatamente. Di solito diamo sempre colpa alle famiglie, ma non è sempre così: sono scelte sbagliate e la mancanza di carattere.

Perché hai iniziato con la sostanza?

Mancanza di autostima, per essere come gli altri, ed essere accettato. Avevo una scarsa considerazione di me. Ho iniziato a 14 con le prime canne, poi 30 anni con eroina e sono finito in carcere. La galera è stato lo spartiacque: mi sono ritrovato senza una casa e con una famiglia contro. La comunità mi ha fatto capire quanto avevo fatto. Anche la mia visione dell'amore era sfasata, sbagliata. Oggi avrei paura ad amare qualcuno, ma bisogna mettersi in gioco. Sto aspettando le prime onde per vedere la mia reazione e capire se la barca è pronta a tornare in mare.

BIONDI

25 FABIO F.

Quando si sceglie la sostanza come compagna di vita il tempo non ha più valore. Gli anni si accavallano senza memoria fino a cancellare il passato e annebbiare il futuro. Ma Fabio oggi è consapevole di avere un nuovo presente tutto da costruire con la fatica di chi non vuole più avere scomodi compagni di viaggio.

Hai vissuto trenta anni con l'eroina e sei qui da 3 anni...

Oggi ho 60 anni ed ho già affrontato un percorso in questa comunità, dal 2010 al 2014. Dopodiché sono stato bene per almeno 4 anni, poi con la separazione da mia moglie sono entrato in depressione e ho richiamato la comunità. Ho combattuto fortemente contro questa depressione. Oggi mi sto dando da fare anche fuori, ho un lavoro e mi sento davvero bene.

La depressione può portare alla sostanza?

Sì, ma quando mi facevo riuscivo a soffocarla. Forse sono sempre stato depresso, fin da piccolo: ho avuto un'infanzia non bella, eravamo sette figli, io ero il più piccolo dei maschi e sono sempre stato messo da parte, sono stato in collegio e mi sono sentito abbandonato.

Se tu oggi dovessi guardare al Fabio che è entrato, cosa vedi?

La mia fortuna è che sono ancora vivo. Non uso più droghe dal '94, dopo aver fatto 6 anni a San Patrignano. Da quando sono uscito, nel 2000, non ho più toccato l'eroina. Sono stato bene per 10 anni, periodo in cui stavo bene: avevo una moglie, lavoravo come imbianchino ed economicamente ero a posto. Ma sono passato all'alcol e lo mischiavo con le pastiglie della terapia: combinavo di tutto ma non ero cosciente di ciò che facevo, non mi ricordavo nulla di quello che facevo. Lì ho detto basta e ho salvato me stesso. Avevo continui pensieri brutti, volevo farla finita. Ero dipendente da tutto: dalle sostanze, da mia moglie.

Come ti vedi fuori?

Fuori non ho più nulla, vorrei stare qui. Ora lavoro in un convento nella manutenzione dei giardini. Mi sento meglio, stanco ma con tanta energia, mi sento gratificato. Voglio affrontare le cose con calma, un passo alla volta. La fretta mi ha solo fatto fare tanti casini.

26 PAOLO M.

Per aprire l'inferno serve un attimo: un lutto, una insoddisfazione, una sconfitta. Poi tutto diventa faticoso e poco interessante. Neppure il tuo viso ti appare per quello che è. Paolo si era consumato al punto di non riconoscersi in foto. Oggi però si guarda allo specchio, sapendo che una possibilità c'è. Anche da qui si riparte per il nuovo mondo.

Prima di entrare qui hai avuto altre esperienze in comunità?

Sì, in tutto 11 anni: Mondo X, Sert, Lautari. La prima volta nel 2002: era morto da poco mio padre, ho avuto un tracollo con l'alcol. In realtà non so quanto c'entri la morte di mio padre ma è coincisa. Ho conosciuto la comunità Mondo X, sono diventato responsabile di sala del ristorante al suo interno e sono rimasto lì per 8 anni. Ho avuto un'offerta di lavoro da un mio amico, in una lavanderia industriale, e ho provato a tornare nel mondo esterno. Ho fatto il bravo per circa un anno. Poi, sono andato in India in vacanza. Ho avuto l'idea di portare in Italia una resina della marijuana ma mi hanno beccato a Malpensa: ho preso i domiciliari. È in quel periodo che ho iniziato a bere qualche birra: è stata la mia rovina. Non sono ricaduto subito con le droghe pesanti ma lavoravo con un ragazzo che prendeva il metadone e mi facevo dare qualche

goccia per affrontare meglio il lavoro pesante che facevo come cameriere, perché alleviava la fatica. Ma ho ricominciato con il metadone, a bere pesante e poi ho ripreso a fare uso più o meno di tutto.

Se ti guardi indietro che differenze noti?

Una cosa che in 8 anni nell'altra comunità non avevo mai notato: mettendomi in gioco qui ho iniziato ad appassionarmi a me stesso, ad analizzarmi. Ho scoperto tante debolezze e una mia pigrizia mentale che non mi porta ad affrontare le situazioni.

Cosa vuol dire per te essere indipendente?

Da sei mesi telefono per vendere il vino, i risultati non sempre sono soddisfacenti. Il mio entusiasmo però è paragonabile ai risultati: se non li vedo mi butto giù. Ma sto lavorando per risolvere questa mia debolezza e ci sto riuscendo. Un modo di fare che può trovare terreno fertile anche in altre situazioni, quindi devo imparare a gestirmi.

27 NICOLÒ S.

Perdere tutto e trovarsi solo con i mostri. Difficile uscire dal buio quando non si ha più nessuno e anche con sé stessi si fatica a parlare. Allora Nicolò ha cercato meglio dentro l'anima fino a quando ha trovato il coraggio di svoltare e chiedere aiuto. Il resto è storia da costruire. Ma il primo passo è fatto.

Come inizia la tua storia con le sostanze?

Ho iniziato con le prime canne, in terza media, ma il passaggio con l'eroina è stato quasi immediato: avevo 14 anni. È cominciato per gioco, per provare lo sballo. Affrontando la questione con la comunità, invece, ho capito che era un senso di ribellione e un modo per anestetizzare tante mancanze.

Come hai capito che era diventato un problema?

Perché ho perso tutto: affetti, famiglia, lavoro. Mi sono reso conto che dovevo riprendere in mano la mia vita e prendere una decisione: quella di chiedere aiuto e di entrare in comunità.

Se ti guardi indietro cosa vedi?

Disperazione, mancanza di voglia di vivere. Con la droga non avevo più misure, era sempre poca. Non avevo più limiti, andavo avanti a oltranza, quasi come volessi farla finita.

Cos'è per te l'indipendenza?

La dipendenza è un sorta di malattia, l'indipendenza è un'utopia: tutti dipendiamo da qualcosa, positiva o meno che sia. Il mio obiettivo è poter avere una dipendenza ma sana: per uno sport, per la famiglia. La droga può essere una soluzione momentanea, ma poi porta a grandi problemi. La mia indipendenza dalla comunità arriverà piano piano. Ora sono dipendente da questo posto, fuori sarei spacciato, non sarei in grado di gestire da solo la mia vita. Prima di entrare ho avuto un'overdose a dicembre e una ad aprile. Giusto il tempo di essere dimesso dalla clinica che ho ricominciato a farmi: sono stato buono tre giorni. Ora credo di aver superato l'astinenza fisica, resta però quella psicologica.

Che lavoro facevi?

Il meccanico, ma ho perso tutto. Non andavo al lavoro perché ero fatto, chiamavo ed evitavo. Ora, qui dentro, lavoro in falegnameria, un mondo nuovo ma mi piace. Non è la mia passione però...

I tuoi obiettivi futuri quali sono?

Nel primo programma che ho fatto avevo cose non dette con la mia famiglia. Qui non sono entrato con grosse rotture, non ho molto da ricucire, devo solo pensare a me stesso.

28 FRANCESCO S.

Una vita da dimenticare. Un essere da cancellare. Un uomo da ricostruire. Francesco non dimentica chi è stato perché non vuole tornare quello che era. Così i fantasmi li usa come monito e spera nel domani. La fatica si sente. Ma la voglia di tornare a vivere oggi è più forte di ogni paura.

Sei qui da circa sei anni, quando ti guardi indietro cosa vedi?

Il mio passato è stato tutto un disastro. Ho conosciuto le droghe quando ero molto giovane: all'inizio, a 14 anni, c'erano le canne. In quei momenti ti sembra di essere il padrone del mondo. Non c'era una consapevolezza, non sapevo che fosse un gioco pericoloso e distruttivo. Perché tutto è iniziato proprio per gioco.

Quando ti sei reso conto che la droga era diventata una necessità per vivere?

Ho conosciuto l'eroina a 17 anni. Erano gli anni '80 ed ero molto più consapevole. Avevo dei parenti che ne facevano uso, forse è stata la mia timidezza a portarmi da "lei", come se fosse un aiuto a stare nella società. C'era la difficoltà di approcciare con altre persone, ma evidentemente non volevo mettermi in gioco. Nel 1987 mi sono accorto che era diventato

un problema. Ho fatto delle astinenze, le superavo, ma dopo uno o due mesi riprendevo. Riuscivo a non drogarmi per un po', pensavo fosse gestibile. Poi però sono andato oltre e ho iniziato a capire che era un problema bello grosso.
Ho fatto tre overdose, in una mi hanno preso per i capelli. Rischiavo ed ero consapevole ma non me ne fregava nulla.
Non avevo più voglia di vivere, vivevo solo per lei. Sfidavo la morte quotidianamente. Non mi importava di morire. Ho toccato il fondo, l'ho raschiato, vedevo tutto nero.

Quante esperienze in comunità hai fatto?

Questa è la quarta. La mia fortuna è che i miei familiari mi sono sempre stati vicino. A volte, hanno fatto scelte molto forti: mi hanno anche cacciato di casa. Ero arrabbiato con loro, li vedevo come nemici, poi ho capito che lo hanno fatto per il mio bene.
A Crotone, la prima: ma non era per risolvere il problema ma per far stare tranquilli i miei. Dopo 8 mesi sono uscito e ho avuto una ricaduta: avevo 27 anni. Il secondo ingresso alla comunità Incontro: 18 mesi, ma dopo oltre un anno di nuovo una ricaduta.
Ho fatto il Ceis a Reggio Emilia: a quattro di noi hanno dato la possibilità di vivere fuori e di lavorare in un forno. Avevo un piccolo stipendio, stava andando tutto bene, ma le tentazioni anche in comunità ci sono.

Ho conosciuto una ragazza dentro, siamo andati a mangiare una pizza. Lo hanno saputo e la comunità mi ha messo di fronte a un aut aut: o riparti da zero o vai via. Ed io me ne sono andato.
Ho lavorato per quasi dieci anni con mio fratello come idraulico, convivevo con una ragazza. Avevo trovato un bell'equilibrio. Stavo bene ma ho cercato qualcosa per stare male. Ho capito che dalla sostanza non ne sarei mai uscito, nonostante avessi anche la presunzione di farcela senza problemi. Non volevo crescere e essere responsabile.
Ho provato ad entrare a San Patrignano, mi hanno anche arrestato. In carcere ho iniziato ad assumere psicofarmaci e metadone, dopo 6 mesi è arrivata la libertà provvisoria. Quando sono andato a Parma a prendere il metadone, ho chiesto alla dottoressa di entrare in comunità. Ed eccomi qui. Ho perso tanto tempo, oggi ho piena consapevolezza di me. Ho capito che non bisogna abbassare la guardia e che ci vuole tanta costanza.

DELIZIE
DELIZIE

29 ENRICO B.

Guardando gli altri la distanza era enorme. Paura di non essere accettato. Timidezza che inibiva anche il più piccolo sorriso. E allora la sostanza apriva orizzonti diversi, dando coraggio ma avvelenando la mente. Enrico si è accorto presto della sua maledizione. E prima di cadere e non rialzarsi più ha teso la mano.

Come sei arrivato alla dipendenza?

Da piccolo sono sempre stato timido, alle medie ho iniziato a fumare le prime sigarette con i ragazzi più grandi. Mi sono sempre fatto trascinare: a 16 le canne, a 18 le pastiglie e la cocaina. Ho sperimentato molte droghe. Ne facevamo uso tutti nella compagnia. Era una cosa "ricreativa".

Cosa ti ha tolto la sostanza?

Mi sono fermato a quell'età lì, un ragazzo di 20 anni. Non sono più cresciuto, nessuna responsabilità. Oggi ho 35 anni, sono qui da qualche mese. Ho provato prima a San Patrignano ma mi hanno detto che non ero pronto. Quindi sono andato da una psicologa che, piano piano, mi ha preparato ad entrare. E oggi mi sento più pieno, riesco a provare qualche emozione. So che è dura la vita: la dipendenza chimica è superata, ma ora ho bisogno di molta forza. È uno stimolo, sono sempre stato ambizioso anche quando ero un tossico. Ho sempre preteso di più da me e forse è stata la mia forza.

Che ambizioni hai?

Ho iniziato a pensare a un futuro, a crearmi qualcosa. Vorrei ripartire da zero. Non voglio tornare al mio paese ma cambiare totalmente, in un posto nuovo, con nuove amicizie. Ma di sicuro è ancora presto. La comunità per ora mi sta dando amicizie sane che non sono per convenienza, per la sostanza o per i soldi.

Cosa ti sta dando la comunità?

Io avevo già smesso da tempo: ho fatto un incidente stradale e sono stato in coma per 3-4 giorni. Al risveglio ho smesso per due anni ma non avevo nulla, non avevo basi e ho capito che dovevo entrare in comunità: per costruirmi, per non avere più quel vuoto interiore, per riempirmi dentro.

30 MARCO V.

La solitudine uccide, scava caverne in cui ci si perde giorno dopo giorno. Marco non ha mai pensato di avere possibilità. Gli affetti non li ha mai conosciuti e la sostanza riempiva i vuoti. Oggi lavora. Sorride al futuro sapendo che tante solitudini insieme fanno una grande comunità.

Sei qui da pochi mesi, com'è successo?

Ho molte dipendenze e ne ho preso veramente coscienza solo qui dentro. Quando ero fuori avevo iniziato ad esserne consapevole di questo mio bisogno: non riesco a stare solo, ho una una dipendenza affettiva, è la dipendenza più forte. Mio papà è morto quando avevo due anni, mia mamma ha perso un figlio e una figlia e doveva lavorare. Mi hanno cresciuto i nonni, ma l'affetto che ti possono dare loro è diverso rispetto a quello di un genitore. Si è sposata con un uomo che aveva un figlio piccolo di cui si doveva prender cura. Io, essendo il più grande, sono stato messo in secondo piano.

Una situazione familiare complicata che ti ha portato alla droga?

Ho iniziato a drogarmi fortemente quando mi sono sposato. Quando con la mia ex moglie i rapporti sono

un po' peggiorati ho iniziato a drogarmi tutti i giorni ma di nascosto. Se ne sono accorti quest'anno dopo tanti anni di cocaina. Ma solo perché ho fatto dei grandi casini: sono arrivato al limite, ho speso 80 mila euro in un solo anno.
Me ne sono accorto quando ho toccato il fondo: ho fatto del male ai miei genitori, alla mia ragazza attuale che amo moltissimo. Ho rubato sia a lei sia a mia suocera.

Se dovessi guardarti indietro, come ti vedi?

Un uomo schifoso. Mi guardo spesso indietro, per vedere come ero. Scrivo molto: appena entrato non riuscivo a parlare con nessuno, l'unica mia liberazione era scrivere delle lettere alla mia ragazza. Ma quando le rileggo, mi metto paura: per quello che ero, come vedevo le cose, l'egoismo che avevo. Non mi fidavo di nessuno, non capivo chi voleva aiutarmi.
Ho avuto degli abusi sessuali da parte di mio cugino, 33 anni fa: credo che la mia incapacità a fidarmi sia dovuta a questo.
Ero un bambino, indifeso, mi fidavo molto di questa persona e credevo fosse una cosa normale... ora che ho ripreso ad aver fiducia nelle persone è una bella sensazione, poter affrontare le cose insieme agli altri e non più da solo. Per me fino a pochi mesi fa chiedere aiuto era chiedere i soldi, nient'altro. Oggi è diverso.

Cos'è per te l'indipendenza?

Non lo so, so solo che vorrei essere un vero papà per mia figlia, sono sempre stato presente ma mai responsabile, mai un adulto, ora invece sto capendo... Ho lavorato nella moda per 15 anni, come commerciale, ma anche cameriere, cuoco, magazziniere. Sul lavoro riesco a dare quello che non riesco nella vita.

31 MASSIMILIANO R.

Vivere senza capire che un dono può essere una maledizione che allontana dagli affetti e cancella ogni giornata. Massimiliano non ha speso tempo per rimediare ai suoi errori. Esisteva ma era abbandonato a sé stesso. Poi gli scossoni dell'esistenza lo hanno svegliato dal torpore in cui si era ficcato. Niente scuse. Rialzarsi serve per riprendersi in mano l'esistenza. E non solo.

Se ti guardi indietro cosa vedi?

Ero un menefreghista, ho tre figli ma non mi è mai interessato nulla di loro. Me ne occupavo solo economicamente, il resto non mi importava. Non avevo un amore verso le persone, anzi mi infastidivano. Ero un orso, aggressivo, litigavo in continuazione: oggi ho riscoperto alcuni valori. Non dico l'essere papà, perché forse non lo sarò mai. Ma ho iniziato a conoscere i miei figli, sono diventato nonno.

E la dipendenza come è arrivata?

La sostanza mi piaceva. Mi dava ciò che cercavo e a seconda di quello che volevo la usavo. Ho iniziato molto presto: a 12 anni il primo spinello. A 13 anni la prima pera. Erano anni diversi, ho subìto una violenza sessuale e in quel momento l'eroina mi ha fatto dimenticare e scemare la rabbia per quello che mi era successo. L'effetto mi è piaciuto, mi aiutava a non sentire rabbia e ho continuato. Ho usato tutte le sostanze: ho girato il mondo per lavoro, dove andavo provavo qualsiasi cosa. Mi sono iniettato perfino il veleno di serpente: ero in Malesia e mi spiegavano gli effetti e ho voluto provare.

Cosa ti ha portato qui?

Sono entrato in comunità solo perché mi hanno detto che ero morto: ho fatto 4 overdose in 4 giorni. Ormai ero morto e mi hanno iniettato dell'Arcan, ma ho continuato a farmi: la ragazza che era con me è venuta a trovarmi in ospedale e mi ha lasciato una siringa di eroina pronta. Continuavo a iniettarmi perché con l'Arcan non sentivo più nulla: sono andato in bagno, l'effetto del farmaco era sparito e sono andato in overdose. Mi presero per i capelli e mi dissero che mi erano rimasti pochissimi mesi di vita: sono passati più di 10 anni. Tredici anni della mia vita li ho trascorsi nelle comunità, inizialmente perché volevo solo vivere, non mi interessava smettere per altri motivi. Ci sono ricaduto almeno 10 volte: ho fatto entrare eroina e prostitute nelle comunità. Ero un teppistello e ho fatto qualsiasi cosa. Oggi, forse, credo un po' più in me stesso. Sono ancora un monello perché trasgredire mi piace, ho vissuto nella trasgressione: dopotutto quel modo di fare ti resta dentro. Qui, però, ho trovato la pace e cerco di tenere sotto controllo quella mia voglia di evadere.

Cos'è per te l'indipendenza?

Ho vissuto dai 21 anni ai 40 all'estero: ero un dipendente diretto della Marcegaglia. Ma ero due persone in una: quella che lavorava durante il giorno ed ero lineare e quella della sera e della notte. Ho sempre usato droghe, in qualsiasi circostanza, ma ho imparato a gestirle.

Che orizzonte hai oggi?

Vorrei restare qui, non mi sono dato un tempo. Sto imparando a vivere una vita senza essere continuamente in guerra con me stesso e con gli altri. Ma sto imparando, vado avanti e provo a vedere cosa accadrà.

32 ALESSANDRO G.

A volte è solo questione di orgoglio. Nulla di più. Nel bene e soprattutto nel male non si ammette di avere un problema e si arriva al limite. Alessandro oggi è consapevole. Ma la fatica del vivere è sempre tanta. E allora ha imparato ad affrontare le paure, perché scappare non serve a nulla.

Guardandoti indietro che differenze vedi?

Ora, sicuramente, sono una persona un po' più lucida, ma di certo sono ancora molto confuso su quello che voglio fare e su quello che farò.

Il rapporto con la sostanza sei riuscito a chiarirlo?

La mia era una necessità fisica: proprio come mangiare. Io lo dovevo fare, ogni giorno. Dopo averlo fatto a volte c'era un senso di vergogna. Ma, allo stesso tempo, quando avevo brutte emozioni, la sostanza riusciva a coprirle. Purtroppo solo momentaneamente: quando l'effetto finiva tornavano a galla e ancora oggi ne sento il bisogno. Questa è la mia seconda esperienza in comunità, in passato ho fatto due anni in tre strutture diverse: sono uscito ad agosto dello scorso anno e rientrato qui nel gennaio successivo.

Cosa vedi di diverso oggi rispetto alle esperienze passate?

Forse un po' più di consapevolezza. Sono entrato qui volontariamente ma sono sicuro che la dipendenza me la porterò dietro per sempre, nonostante vorrei vedere il futuro libero da ogni dipendenza.

Che lavoro facevi?

Non ho figli né moglie e ultimamente non lavoravo. Ho vissuto 12 anni a Londra, poi due anni in Spagna e un po' in Sud America. Ho fatto il dog-sitter per persone benestanti, il commesso, lo shampista. Ho iniziato a fare uso di sostanze che avevo 18 anni, prima di allora non ne avevo mai sentito la necessità: avevo la fidanzata e stavo bene così, non avevo il bisogno di provare. Poi l'ho fatto e la droga è diventata un piacere, una voglia, un bisogno, uno spazio tutto mio che mi creavo.

Qual è il tuo obiettivo da raggiungere?

Sono entrato per provarci, per non essere più schiavo di qualcosa o di qualcuno. Essere libero da giudizi e pregiudizi.

Quando hai capito che era arrivato il momento di intervenire?

Lo capisci quando si sta male, quando il corpo e la

mente sono annientati. Non mangi più, non hai più limiti. La tossicodipendenza è una malattia: proprio come può accadere con il gioco, con l'alcol, come può avvenire con il cibo.

C'è qualcosa che ti ha reso orgoglioso di te nell'affrontare questa esperienza?

Ancora no ma la sto cercando.

BARDAHL
Aspes

LA VITA SI RITROVA

A differenza che nel passato, oggi l'uso di droghe leggere sembra essere stato sdoganato. Le canne sembrano accettate dalla società. Prima si fumava di nascosto, oggi i ragazzi le fanno in piazza alla luce del sole. Basta fare un giro nei quartieri delle città italiane e nei piccoli paesi sempre più isolati e connessi solo via social e sempre meno da attività sociali. Lo fanno per socializzare, per essere accettati dal gruppo. Credono, sbagliando, che i cannabinoidi non siano dannosi.

Secondo le statistiche circa il 32% della popolazione tra i 15 ed i 64 anni ha fatto uso di cannabis una tantum nella vita. L'Italia è il terzo Paese per questo genere di consumo dopo la Danimarca con 32,5% e la Spagna (32,1%) mentre in fondo a questa classifica si pone la Romania con l'1,5% di consumatori. Per quanto riguarda l'uso di cocaina, l'Italia occupa il terzo posto con il 7% di individui adulti (15-64 anni) che – almeno una volta – hanno fatto uso di cocaina. Al primo posto si colloca la Spagna con 10,2% ed al secondo posto il Regno Unito con il 7,4%. In fondo all'uso di cocaina si colloca la Romania con 0,1%.

Considerando i consumatori di amfetamine, circa il 3,2% di Italiani hanno assunto almeno una volta questa sostanza mentre il Regno Unito si colloca al primo posto con circa il 10% di adulti. Il Regno Unito è al primo posto anche per il consumo di ecstasy (8,1%) mentre in Italia il 3% di adulti ha fatto uso di questa sostanza. Per quanto riguarda l'LSD non esistono dati riguardo all'Italia mentre il Regno Unito conquista ancora il primato con il 5,3% di persone che hanno assunto questa sostanza almeno una volta nella vita. Il 34,2% degli "under 24" italiani ha fatto uso almeno una volta di cannabis. In prima posizione i Cechi (53,8%) seguiti dai Francesi (42%) e dagli Spagnoli (39,1%). I britannici under 24 sono al primo posto nel consumo di cocaina con il 10,9% seguiti dagli Spagnoli (9,2%). Il 4,9% degli Italiani "under 24" ha assunto cocaina almeno una volta nella vita. I Britannici sono al primo posto nel consumo di amfetamine (9,6%), ecstasy (11,7%) e Lsd (3,2%) mentre il consumo di amfetamine tra gli Italiani under 24 è del 2,1% e del 2,3% per l'ecstasy. Non vi sono dati riguardo al consumo di Lsd per gli Italiani "under 24".

Il primo intervento di contrasto passa quindi dai genitori. La relazione genitori-figli è fondamentale, indispensabile nella prevenzione. Invece spesso i genitori arrivano a casa stanchi, presi dalla frenesia del quotidiano non pensano a cosa pensano i loro figli, alle solitudini e alle inquietudini che soprattutto nell'età adolescenziale possono travolgere i ragazzi. Occorre, invece, che siano aiutati a tirare fuori le loro emozioni. Ma, soprattutto, è necessario farsi aiutare. Da soli è molto difficile uscirne. Bisogna lottare contro la disinformazione, la comunità non è un posto in cui si viene internati ma un luogo di rinascita, dove la libertà e la personalità di ogni ragazzo sarà riscoperta, valorizzata e aiutata a recuperare i valori della vita.

Alla Lautari ci si ritrova, si torna ad essere Indipendenti.

Agli effetti della Legge N. 106 del 15 aprile 2004, il libro è stato depositato presso:

Biblioteca Civica Queriniana
Ufficio Deposito Legale - Via Mazzini, 1 - 25121 Brescia

Biblioteca Nazionale Centrale di Firenze
Ufficio Deposito Legale - Piazza Cavalleggeri, 1 - 50122 Firenze

BEIC
Biblioteca Nazionale Braidense
Via dei Fiori Oscuri, 2 - 20121 Milano

Biblioteca Nazionale Centrale di Roma
Ufficio Deposito Legale - Via Castro Pretorio, 105 - 00185 Roma

Marzo 2022

Impaginazione e stampa a cura della
Compagnia della Stampa srl
Roccafranca (Brescia)